ÉTUDE

LITTÉRAIRE ET LEXICOLOGIQUE

SUR LE

DICTIONNAIRE DE LA LANGUE FRANÇAISE

DE

M. É. LITTRÉ

ÉTUDE

LITTÉRAIRE ET LEXICOLOGIQUE

SUR LE

DICTIONNAIRE DE LA LANGUE FRANÇAISE DE M. E. LITTRÉ

PAR

J.-E. PÉTREQUIN

Chevalier de la Légion-d'Honneur, Officier de l'Instruction publique,
Ex-Président de l'Académie des Sciences, Belles-Lettres et Arts de Lyon,
Membre de plusieurs Académies nationales et étrangères.

LYON, GENÈVE, BALE
H. GEORG, libraire-éditeur
PARIS
C. BORRANI, rue des Saints-Pères, 9

Mars 1874

ÉTUDE

LITTÉRAIRE ET LEXICOLOGIQUE

SUR LE

DICTIONNAIRE DE LA LANGUE FRANÇAISE DE M. E. LITTRÉ

RAPPORT

Présenté à l'Académie des Sciences, Belles-Lettres et Arts de Lyon

PAR

J.-E. PÉTREQUIN

Chevalier de la Légion-d'Honneur, Officier de l'Instruction publique,
Ex-Président de l'Académie des Sciences, Belles-Lettres et Arts de Lyon,
Membre de plusieurs Académies nationales et étrangères.

Un dictionnaire, vraiment digne de ce nom, a pour la langue écrite et parlée d'un peuple, c'est-à-dire pour toutes les relations de la vie sociale, une importance et une utilité que ne saurait lui disputer aucun autre ouvrage : tous relèvent de lui ; il est leur code suprême ; c'est le livre de tous les âges, de toutes les conditions, de tous les instants. Quand on réfléchit que nul autre n'a une portée égale non seulement pour chaque homme civilisé en particulier, mais encore pour la langue de toute une nation en général, on ne s'étonne plus que l'apparition d'un bon dictionnaire puisse être un événement.

C'est un conseiller indispensable qu'il faut sans cesse avoir sous la main : il n'est personne qui ne se trouve maintes fois arrêté par des difficultés dont on ne se doute et ne se préoccupe qu'autant qu'on est déjà plus habile ; et alors il est toujours dangereux de passer outre sans faire une enquête sur le point suspect. Il faudrait voir, dans les grandes imprimeries, de combien de fautes restent émaillés les manuscrits de certains auteurs en renom dans la presse contemporaine, quand ils négligent par trop de consulter ce souverain arbitre : les protes pourraient à cet égard faire au public des révélations fort curieuses ! Bien écrire, dans toute la rigueur de l'expression, c'est-à-dire avoir un beau style, ne peut pas être l'apanage de tout le monde ; mais dans une société qui se respecte, tout le monde est tenu de parler et d'écrire correctement sa langue, et il est impossible d'y parvenir sans le secours d'un dictionnaire : aussi est-ce le livre le plus usuel et le plus répandu ; aussi la librairie, pour satisfaire cet impérieux besoin, ne cesse-t-elle d'en reproduire vaille que vaille des éditions nouvelles dans tous les formats.

Un dictionnaire bien fait d'une langue vivante a une autre mission à remplir, mission d'un ordre plus élevé : il doit représenter fidèlement sa situation générale et dresser un inventaire judicieux de toutes ses richesses, retenir parmi les termes qui vieillissent ceux qui se recommandent par des qualités particulières, accueillir parmi les mots nouveaux ceux qui se distinguent par leur bonne facture et leur utilité, mais condamner impitoyablement tous les néologismes de mauvais aloi : en un mot il doit veiller sur l'intégrité et la conservation de la langue, en même temps que sur son épuration et ses progrès. « Un dictionnaire est donc, a-t-on écrit avec vérité, une des œuvres importantes de la vie des peuples, l'œuvre d'une civilisation avancée qui réagit sur elle-même. L'historien, dit-on, est un juge ; le lexicographe est non-seulement un juge, mais presque un législateur. » (L. Barré, *Supplém.* du dict. de l'Acad., 1842, *préface*.)

C'est une longue et difficile entreprise que la composition d'un dictionnaire, quand on veut atteindre ce double but. L'Académie française l'avait bien compris, ce semble, quand elle s'occupa, en 1637, de dresser son programme, à l'accomplissement duquel travaillèrent, pendant plus d'un demi-siècle, les plus considérables de ses membres. Sa lenteur (1) irritait l'impatience publique : que de railleries, que d'épigrammes ne lança–t-on pas contre elle? On comparaît, pour la ravaler, son inertie apparente à l'activité féconde de l'Académie florentine *Della Crusca* dont le dictionnaire italien, qui fait loi, fut publié vers 1612. Mais on oubliait qu'il n'y avait pas parité entre elles : la langue classique était faite en Italie : on pouvait citer parmi les poètes, Le Dante, Pétrarque, L'Arioste, Le Tasse, Guarini, etc., et parmi les prosateurs, Boccace, Savanarole, Machiavel, etc. En France, au contraire, la langue classique n'était pas faite : les grands modèles n'existaient pas encore : Corneille ne faisait que commencer sa carrière dramatique (le *Cid* est de 1636) ; ce ne fut que plus tard que la poésie et la prose françaises furent élevées à leur rang, l'une par Boileau, Racine, Molière, La Fontaine, etc., l'autre par Pascal, Bossuet, La Bruyère, Fénelon, etc. « L'Académie, a dit excellemment Ch. Nodier, entra dans l'exercice de son mandat entre une langue admirable qui n'était déjà plus et une langue également admirable qui attendait encore ses maîtres et ses modèles.» (*Introduction* de son vocabul., 1848). Quand son dictionnaire parut enfin en 1694, ce fut un grand événement pour les lettres ; elle avait voulu qu'il fût, « comme le magasin des termes et des phrases reçues. » Elle n'a cessé d'améliorer son œuvre à chaque édition : la dernière, qui pour nous est la meilleure de toutes (voy. note 3), a vu le jour en 1835, chez Firmin Didot, en deux volumes in-4°, contenant près de 1,900 pages à 3 colonnes. Sans rendre, comme on s'en flattait d'abord, notre idiome immortel, ce qui n'est pas dans la nature des choses de ce monde, ce dictionnaire a exercé sur ses destinées la plus favorable influence.

---

(1) « Les premiers critiques qui épurèrent notre langue, Patru, Vaugelas, Regnier Desmarais, étaient des esprits justes et fins, qu'on n'a pas surpassés dans la même œuvre. Ils firent peu et lentement; ils avaient raison : ils attendaient le travail du génie, pour aider au leur. » (Villemain, *Préface* du dictionn. de l'Acad., 1835.)

On cite souvent et l'on admire toujours la belle tirade d'Horace sur la mobilité et la décadence des langues qu'il compare à la chute des feuilles :

> Ut silvæ foliis pronos mutantur in annos,
> Prima cadunt ; ita verborum vetus interit ætas,
> Et, juvenum ritu, florent modo nata vigentque.
> Debemur morti nos nostraque,.......
> Nedum sermonum stet honos et gratia vivax !
> Multa renascentur quæ jam cecidère, cadentque
> Quæ nunc sunt in honore vocabula, si volet usus. — *Ars poet.* 60.

« Quand, au déclin de l'année, les bois se dépouillent de leurs feuilles, les premières venues tombent les premières : ainsi meurent les générations vieillies des mots, tandis que fleurissent, brillants de force et de jeunesse, ceux d'une date plus récente. Nous sommes dévoués à la mort, nous et nos ouvrages !... Comment, seuls, les mots de la langue pourraient-ils indéfiniment garder et leur éclat et leur crédit ? Beaucoup d'expressions doivent revivre, qui depuis longtemps sont tombées en désuétude ; et beaucoup d'autres, maintenant en honneur, passeront à leur tour, si l'usage le veut ainsi. »

Cette comparaison est charmante : elle a séduit par son côté poétique. Elle n'a qu'un défaut, c'est qu'elle manque de justesse : les langues ne tournent pas dans un cercle, comme l'année avec ses quatre saisons. Si quelques rares expressions, après être tombées en désuétude, peuvent parfois rajeunir, d'une aussi minime exception il ne faut point faire une règle : quand les langues sont elles-mêmes vieilles et fanées, il n'y a pas de printemps qui les fasse reverdir, et ce n'est pas sans motif qu'on arrive à leur donner le nom de *langues mortes.*

A faire une comparaison, s'il en faut une, il serait plus exact de l'établir entre la langue et la société dont elle est l'image et suit les destinées, qui se développe comme elle, et comme elle se compose de deux éléments, l'un populaire, l'autre plus ou moins aristocratique. L'Académie ne s'occupe guère que de ce dernier : c'est du langage qui se parle et s'écrit chez l'élite du monde lettré que son dictionnaire est le représentant officiel ; c'était, il faut l'avouer, un droit de préférence incontestable ; mais il faut avouer aussi qu'il ne représente plus l'universalité des mots de notre époque. Peut-être la langue du peuple eût-elle mérité de n'être pas victime d'un pareil ostracisme : peut-être eût-il fallu, du moins, faire une exception en faveur de quelques termes heureux et colorés, de quelques locutions expressives, énergiques ou pittoresques. Il fallait surtout tenir grand compte de la langue des métiers et des arts qui touchent à notre existence par tant de points, de la langue de l'industrie qui pénètre de plus en plus toutes les classes de la société, enfin, de la langue de la science courante à laquelle aujourd'hui nul ne saurait rester étranger, sous peine de n'être plus de son temps. L'Académie s'est montrée un peu trop parcimonieuse à leur égard : aussi a-t-elle laissé là de regrettables lacunes ; aussi l'insuffisance de sa dernière édition pour les besoins généraux de notre siècle a-t-elle été jugée si prononcée que dès 1836 il parut chez Barba un premier supplément dû à F. Raymond, en un volume in-4° de 860 pages à trois colonnes, qu'en 1842 un second, beaucoup meilleur, fut mis au jour chez Firmin Didot, par un comité de vingt collaborateurs, sous la direction de L. Barré, en un volume in-4° de 1,280 pages à quatre colonnes, et qu'enfin, depuis quarante ans, la librairie nous a gratifiés de cinq ou six dictionnaires généraux que je n'ai pas à juger et qui peut-être en toute autre hypothèse n'auraient pas tous vu la lumière. A ces reproches unanimes ce n'est pas faire une réponse sérieuse que dire avec M. L. Barré : « Si l'on ne trouve pas dans le dictionnaire de l'Académie l'expression cherchée, on se contentera de s'en abstenir, ou de la remplacer par des équivalents ! » S'il s'agit de synonymes, passe encore pour ces équivalents ! Mais où les prendre, quand la notion manque, quand les mots font défaut ? De quel grand secours serait donc un livre qui condamnerait *à s'abstenir* de ce dont on peut avoir incessamment besoin ?

C'est en ces conjonctures que M. Littré est entré dans la lice avec son *Dictionnaire de la langue française* en quatre volumes in-4°,

contenant plus de 4,700 pages compactes à trois colonnes. On ne
saurait le faire connaître d'une façon à la fois plus régulière et plus
honorable qu'en le mettant en parallèle avec celui de l'Académie qui,
malgré ses lacunes, reste, en raison même de son origine, la première
et la plus grande autorité sur ces matières. — La nomenclature de
M. Littré est plus ample que celle de l'Académie : elle contient tous
les mots de celle-ci, et s'est de plus enrichie de beaucoup d'autres :
les additions, dont il l'a améliorée, sont de deux ordres ; il emprunte
les premières à la science, à l'industrie, aux arts et métiers : il s'est
bien gardé d'en reproduire tous les termes, c'est là l'objet des vocabulaires techniques. Il en fait un choix, et ne donne que ceux qu'il importe à tout homme civilisé de connaître, pour n'être point, à chaque
pas, pris au dépourvu par les exigences actuelles de la vie sociale. Je
sais bien que Ch. Nodier, un jour de spleen, n'a pas craint d'écrire :
« Tous ces mots survenus à la suite des langues faites composent des
argots... qui n'appartiennent plus... à la série des vocables naturels. »
(*Introduction* de son vocabulaire.) Mais c'est là un de ces paradoxes
que le spirituel écrivain se plaisait parfois à laisser tomber de sa
plume par pure boutade : à notre avis, il suffit de l'énoncer pour en
faire justice : il ne soutient pas l'examen (2) ; il ne saurait du reste
s'appliquer en aucune façon aux additions du second ordre, que
M. Littré tire de l'usage et des livres modernes, c'est-à-dire qu'elles
sont consacrées par la bonne société et par des auteurs recomman-
dables. Il a pu en recueillir un nombre considérable. Les mots de cet
ordre ont pour la plupart une notoriété et des qualités telles qu'on
s'étonne qu'ils n'aient pas été adoptés par l'Académie : voici, d'après
mes notes, quelques exemples pris au hasard dans différentes lettres
de l'alphabet ; on jugera si ces omissions ont leur raison d'être :

---

(2) A Ch. Nodier on peut opposer Villemain : « On peut trouver que
l'Académie, en prodiguant les proverbes, a trop épargné certains termes
usités des artisans et qui sont des images et peuvent en fournir. Il y a là
souvent une invention populaire qui fait partie de la langue. » (*Préface*, 1835).

Absolutisme, acclamer, acclimatation, affleurement, altitude, alternance, archaïque, ascétisme, assemblement, atavisme, attarder, atomisme, etc.

Baccara, bachat, baraquement, barbouillon, baser, batellerie, bichoff, bisser, bonapartisme, bosselure, bouddhisme, bourbonien, boxe, brosseur, brunâtre, bureaucrate, buvard, byzantin, etc.

Cachotter, caillebotter, calorification, canalisation, canaliser, canitie, capillarité, capitaliser, carbonarisme, caricaturer, confortable, etc.

Dallage, dandy, déambulation, déboisement, déboiser, déclasser, décentralisation, décommander, déconsidération, découronner, désabonner, désenchaîner, désillusionner, désinvolture, détresser, dicible (opposé à *indicible*), déduction, diffluent, diffusible, digestible, diguer, dilettante, dilucider, dilution, diorama, directrice, dirimer, disconvenant, discutable, disproportionner, dissimilitude, dissociation, distancer, dock, doctoresse, dogmatisme, dosage, draconien, drainage, drôlatique, dualisme, dynamisme, etc.

Ébriété, écœurer, écrasement, effacement, effleurement, égoutier, éperonner, élogieux, élucider, épigraphie, épilation, équatorial, équilibrer, espagnol, étagère, étroitesse, évangélisation, évasivement, excaver, exonérer, expérimentation, expiable, explosible, expurger, exsangue, etc.

Fanion, fantaisiste, fashionnable, favoritisme, fédéralisme, fertilisation, festival, filtrage, flâner, fluctuant, flûtiste, folioter, fonctionnement, formalisme, fourchetée, fractionner, frison, fulgurant, fusionner, fusionniste, etc.

Ignorantisme, iliade, imparité, infranchissable, inintelligent, injustifiable, irréfutable, irréalisable, irresponsable, etc.

Lactescence, lamelle, légitimiste, lapsus, laxité, légiférer, lessivage, lexicologie, libéralisme, literie, localisation, localiser, loustic, luxueux, luxuriant, lycéen, lyrisme, etc.

Patenter, patronnesse, paupérisme, pépite, percheron, percuter, pérennité, pétitionner, phénoménal, phonétique, photographie, phra-

seur, phrénologie, piétisme, pigeonneau, pincement, piquage, piqueté,
piser, placide, placidité, plasticité, platoniser, plèbe, plicature, plu-
raliser, plum—pudding, plutonien, pluviomètre, poinçonner, polé-
miste, polytechnicien , ponctionner, pondérateur , poney, porte-
liqueurs, positivisme, postal, préconçu, préfixe, préhension, préser-
vation, prestidigitation, proclitique, professionnel, etc., etc.

On se demande s'il n'aurait pas mieux valu choisir les termes prin-
cipaux de cette liste et les insérer à leur rang, au lieu et place du
verbe *dégoter* et d'autres vocables de second ordre qu'on a cru devoir
introduire dans l'édition de 1835. M. Littré fait remarquer que le
verbe *déconstruire*, que Villemain emploie dans la préface, fait ensuite
défaut dans le corps de l'ouvrage ; que le substantif *apaisement*, qui
est ancien et d'un bon usage, n'y est pas encore inscrit, non plus que
impressionner; que Boissonnade réclamait déjà en 1797, en faveur
du verbe *éditer* qui n'a pas non plus obtenu droit de bourgeoisie,
quoique tout le monde s'en serve journellement, etc.

On distingue d'un coup d'œil dans le nouveau dictionnaire les mots
qui figurent dans celui de l'Académie et ceux qui n'y sont pas inscrits :
« Comme il est toujours curieux de savoir si un mot appartient à la
nomenclature de l'Académie et qu'il est quelquefois utile d'en être
informé quand on parle ou que l'on écrit, enfin comme cette notion
est exigée par certaines personnes qui se font un scrupule d'employer
un terme qui n'ait pas la consécration de ce corps littéraire, j'ai eu
soin, écrit M. Littré, *Préface*, VII, de *noter par un signe* tous les mots
qui sont étrangers au dictionnaire de l'Académie. »

S'il est permis de revenir sur notre comparaison pour mieux l'ap-
profondir et en faire jaillir d'autres lumières, nous dirons que cette
classe de la nation, dont le recueil académique est l'organe, loin de
former un corps indivis, se décompose en trois parties ou périodes
distinctes : la jeunesse, l'âge adulte et la vieillesse. L'Académie, en
adoptant de préférence les expressions parvenues à leur maturité, se
trouve avoir concentré son attention sur la période moyenne, de
façon qu'elle néglige quelque peu les deux extrêmes : elle a de la sorte
sensiblement rétréci l'étendue de son domaine.

La *première* période est le berceau des *néologismes* : semblable à la jeunesse où se recrute la société, elle constitue comme une pépinière où la langue puise son accroissement. Mais il est besoin de la surveiller d'un œil exercé : beaucoup de néologismes méritent d'être assimilés aux nouveau-nés qui ne sont pas viables, ou qui ne seront jamais que des infirmes ou des avortons : le lexicographe doit se montrer inexorable ; car c'est ici qu'on peut sans remords appliquer, dans toute leur rigueur, ces lois de Sparte qui ordonnaient de sacrifier tous les êtres imparfaits. Quant aux néologismes bien faits, expressifs, appelés à une belle destinée, il se gardera bien d'attendre, pour en enrichir son recueil, qu'ils soient parvenus à l'âge de maturité : il n'est jamais trop tôt de les recueillir : c'est l'avenir de la langue. Il serait dangereux de les abandonner à la voirie. — Villemain nous apprend que *bravoure, désintéressement, exactitude, sagacité*, ne furent rétablis ou introduits qu'assez tard dans le XVIIe siècle. Ajoutons que *classement, disgracieusement, diverger, exécutif, folliculaire, fugace, imminence, parcimonie, parcimonieux, populariser, probe, revoler*, etc., ne sont officiellement classés que depuis 1835. Toutes les expressions passent par cette épreuve de l'enfance : c'est condamner l'usage à une privation dommageable, quand pour cela on prononce l'ajournement pour des néologismes tels que *fabuliste*, que créa La Fontaine, *philanthropie* qu'on doit à Fénelon, *démagogue* que Bossuet hasarda et qui est longtemps resté sans emploi, *conjoncture* à qui le suffrage de Vaugelas octroya ses titres de créance, *rivalité* que Molière n'osa d'abord mettre que dans la bouche d'un valet, *désaveugler* qu'on doit à Port-Royal, *métromanie* qu'inventa Piron, *impardonnable* qu'on attribue à Segrais, *impasse* que Voltaire proposa pour remplacer et faire oublier cul-de-sac, *érudit*, néologisme mis en avant par Massieu vers 1721, *suicide* introduit par Desfontaines il y a un siècle (Richelet, 1759 ; Académie, 1762), *astucieux* dû à La Harpe, d'après Domergue, *stéréotyper* que Firmin Didot père a forgé de nos jours, etc. — M. Littré a fait un heureux choix de mots nouveaux, dont il tire un grand parti. Il en propose lui-même :

« l'Académie dit que le mot *résous* ne s'emploie qu'au masculin. Il n'y a aucune raison pour ne pas employer le féminin *résoute* (analogue à *dissoute*) : vapeur *résoute* en petites gouttes d'eau. » — « L'Académie ne donne pas le féminin *artisane*. Des lexicographes réclament l'enregistrement de ce mot qui, en effet, se dit : une *artisane*, la femme d'un artisan ; la classe *artisane*, la classe des artisans. » — « *Tapageur* : l'Académie ne donne pas le féminin, mais il est usité, *tapageuse*. » — Il sait se montrer sévère, quand il croit devoir l'être dans l'interêt de la langue (il n'a pas enregistré *dictionnariste* fabriqué par Ch. Nodier dans l'*Introduction* de son propre vocabulaire). Il ne craint pas de critiquer des termes fort en vogue : « *Sauvegarder* est un néologisme incorrect qui n'est pas à imiter : *sauvegarde* ne peut pas se transformer en verbe ; ce verbe devrait être *sauf-garder* et non *sauvegarder*. » — « *Ébénisterie* est un mot mal formé, puisqu'il suppose *ébénistier*. Il devrait être *ébénistie*. » — « On lit dans Chateaubriand : les lèvres d'Akausie *ébauchèrent un sourire* d'admiration et de gratitude, Natch., III, 114. Cette figure ne paraît pas correcte : dirait-on *ébaucher un clin-d'œil*, un bâillement ? » — Il blâme hautement, *ébêtir* comme fait en dépit de l'analogie, *éberner*, *éberneur* comme le produit de métathèses (pour *ébrener*, *ébreneur*) qu'il appelle des barbarismes, *décirconcire* comme manquant de justesse : « comme la *circoncision* est quelque chose de physique qui ne peut être défait, *décirconcire* et *décirconcision* ne sont pas de bons mots, ne pouvant se prendre qu'au figuré ; » enfin, *artistique* comme ne signifiant pas ce qu'on veut lui faire dire (qui concerne les arts) : « ce néologisme est mal fait : *artistique* signifie qui concerne les artistes, comme *sophistique* qui concerne les sophistes. Le vrai mot serait *artiel* », etc. — Il condamne hardiment une locution qui est dans toutes les bouches : « *Se suicider* est un néologisme très-fréquemment employé présentement : mais il est mal fait puisqu'il contient deux fois le pronom *se (se sui cider)* ;... *suicide* équivaut à *soi-meurtre ; se suicider* équivaut donc à *se soi-meurtrir :* cela met en évidence le vice de formation ;... tout homme qui répugne aux barbarismes, même usités, fera bien de s'abstenir de l'emploi de ce mot. Autrefois on disait *se détruire*, et l'on disait bien. » Il est bon de remarquer que ce néologisme de mauvais aloi n'est point admis par l'Académie.

. La *troisième* et dernière période est le refuge des *archaïsmes :* comme on voit dans le monde de verts et intelligents vieillards, capables de rendre encore à la société mille services quand on sait utiliser leurs aptitudes, de même il existe dans la langue une foule de mots anciens, encore pleins de sève et de vigueur ou de grâces, qui sont des plus aptes à servir utilement l'usage si l'on veut mettre à profit leurs qualités : les éléments du langage n'ont pas, comme les individus de l'espèce humaine, une existence d'une durée fatalement limitée : un heureux concours de circonstances peut parfois les faire revivre et les rajeunir ; on trouvera plus d'une résurrection de ce genre dans le dictionnaire de M. Littré. Il remarque qu'en 1835 l'Académie a conservé « certains mots plus vieux et plus inusités que d'autres qu'elle a rejetés. » Villemain a lui-même regret à ce sacrifice : « l'Académie, moins hardie que nos grands écrivains,... n'avait-elle pas trop restreint les richesses de notre langue, trop ébranché le vieux chêne gaulois? » (*Préface,* dict. acad.). M. Littré s'est attaché pour son compte à augmenter largement la nomenclature des archaïsmes, de façon à en faire rentrer un grand nombre dans le domaine commun, d'où les a mal à propos fait sortir tantôt un purisme exagéré, tantôt un accident, ou même un caprice de la mode. Il ne veut pas qu'on gaspille les richesses de notre langue, « et, dit-il, une langue se gaspille qui sans raison perd des mots bien faits et de bon aloi ». Il a donc puisé à pleines mains dans cette mine féconde : « Ce qui m'y a décidé, ajoute-t-il d'une façon pittoresque, c'est d'abord cette incertitude qui existe en certaines circonstances sur le véritable *état civil* d'un mot : *est-il mort? est-il vivant?* en second lieu, c'est la possibilité qu'un terme vieilli effectivement n'en revienne pas moins à la jeunesse. » Ainsi, au lieu de leur délivrer un *certificat de décès,* son dictionnaire leur octroie un *certificat de vie.* Je ne citerai pas des exemples, j'en aurais trop à produire.

L'Académie prend, pour les admettre dans ses colonnes, sans plus ample informé, les mots de la langue reçus par la bonne compagnie et la mode du temps, à peu près comme on reçoit et accueille les personnes, bien présentées, dans un salon du monde où l'on jouit de leur commerce, sans trop s'enquérir de leur famille et de leur histoire, ce que ne permettraient guère les lois de l'étiquette. M. Littré procède d'une façon toute différente, ce qui lui a imposé un labeur énorme : de ces mots, les uns sont nés sur place, les autres sont de provenance lointaine ou étrangère : tous ont leurs annales. M. Littré a ouvert une enquête générale sur leur origine, leur développement et toute leur histoire ; c'est-à-dire qu'il a renouvelé pour notre langue les grands travaux lexicologiques des savants du XVIᵉ siècle sur les langues anciennes. Il distribue et classe sous trois chefs les résultats généraux de ses longues recherches, et ce sont là trois parties vraiment originales de son œuvre.

Dans un *premier* paragraphe, il étudie le mot pendant la *période classique*. L'Académie ne fait pas de citations d'auteurs ; elle se borne à donner, sur les acceptions diverses, quelques phrases fabriquées à plaisir, quelques locutions communes ou proverbiales : ce qui a donné lieu à des objections qu'on trouve résumées en ces termes : « Insuffisance d'un dictionnaire ainsi conçu, sécheresse des exemples, manque presque absolu des acceptions oratoires et poétiques. » (Villemain, *préface*, p. 17). Villemain, tout en se faisant l'avocat de l'Académie, laisse échapper l'aveu que voici : « On ne peut nier que l'autre méthode [celle des citations d'auteurs] ne soit plus instructive, plus curieuse, plus agréable aux lecteurs. » (Ib. p. 27). Voltaire allait plus loin encore, en disant : « Un dictionnaire sans citations est un squelette. » M. Littré a fort bien compris que cette production d'exemples puisés aux meilleures sources était devenue une innovation nécessaire, en parfaite harmonie avec les tendances historiques de l'esprit moderne : aussi, avec autant de savoir que d'à-propos, a-t-il groupé autour de chaque mot une remarquable série de phrases empruntées aux auteurs classiques depuis le XVIIᵉ siècle jusqu'à nos jours ; on a de la sorte sous les yeux tout ce qu'on peut désirer en fait de témoignages. Les mots apparaissent ainsi avec un cortége imposant d'autorités : c'est leur *légitimité* bien et dûment constatée. Un autre résultat, aussi satisfaisant qu'imprévu, mérite d'être signalé : on voit par cette revue, on sent par ces exemples combien est riche et souple, sous la plume des grands maîtres, cette langue qu'on accuse de pauvreté parce qu'on n'en a pas étudié toutes les ressources, et de raideur parce qu'elle résiste aux téméraires qui ne peuvent la manier que d'une main malhabile.

Dans un *second* paragraphe, intitulé *Historique*, l'auteur étudie le mot dans la *période archaïque*. Il explique ainsi son point de départ et son but : « Il semble que la doctrine et même l'usage de la langue contemporaine restent mal assis s'ils ne reposent sur leur base antique. L'archaïsme a été lui-même autrefois usage contemporain, et il contient l'explication et la clef des choses subséquentes. » Il ajoute : « Dans la réalité, l'archaïsme a une domination aussi étendue que profonde dont rien ne peut dégager une langue. On a beau se renfermer aussi étroitement qu'on voudra dans le présent, il n'en est pas moins certain que la masse des mots et des formes provient du passé, est perpétuée par la tradition, et fait partie du domaine de l'histoire. Ce que chaque siècle produit en fait de néologisme est peu de chose à côté de ce trésor héréditaire. » (*Préface*). Après la revue de la période classique que nous venons de voir, M. Littré fait un exposé succinct de l'état de la langue dans les temps antérieurs, en remontant jusqu'à son origine ; il produit un choix remarquable de phrases qu'il emprunte, parfois au Xe siècle, même au IXe, plus souvent au XIIIe et au XIVe, en allant jusqu'au XVIe. On embrasse ainsi d'un coup d'œil l'ensemble des mutations successives que le temps a apportées dans les formes, l'emploi et la signification des mots : c'est, en abrégé, un véritable glossaire historique qui nous trace leur *chronologie*.

Un *troisième* paragraphe est consacré à l'*étymologie*. Longtemps l'étymologie n'a eu que les caractères d'une conjecture plus ou moins

ingénieuse : c'était comme un jeu d'esprit, sans guide et sans critérium, exposant par là même à tomber dans d'étranges aberrations
les esprits les plus cultivés : le docte Ménage en fut un exemple célèbre. Aujourd'hui c'est une science, qui a ses règles et sa méthode :
au lieu de susciter comme autrefois des moqueries contre ses adeptes,
elle est devenue digne d'exciter la curiosité publique. « Cet intérêt
n'est ni vain ni de mauvais aloi. Pénétrer dans l'intimité des mots est
pénétrer dans un côté de l'histoire, et de plus en plus l'histoire du
passé devient importante pour le présent et l'avenir. » (Littré).
Ch. Nodier disait que la *vérité de la langue* était tout entière dans
cette doctrine de la dérivation des mots par rapport à leurs racines ;
et c'est, ajoutait-il, parce que « l'étymologie est *la raison du langage...*
qu'elle a tant d'attraits pour les intelligences inventives et curieuses. »
Villemain regrettait qu'elle ne figurât pas dans le dictionnaire de
l'Académie : « Une autre partie importante de l'histoire de la langue,
dit-il, l'*étymologie,* a continué de manquer complètement au dictionnaire français comme à celui de *la Crusca.* » Ce regret d'un juge aussi
éclairé sert à faire comprendre tout le prix qu'on doit attacher à
l'œuvre de **M.** Littré : « C'est dans ce dictionnaire que pour la première
fois on trouvera traitée dans sa généralité l'*étymologie* de la langue
française : jusqu'à présent il n'y a eu que des travaux partiels ; ici est
un travail d'ensemble. » (Littré). L'auteur montre dans sa *préface*
tout le parti que l'étymologiste peut tirer non-seulement des autres
langues romanes, issues du latin, telles que l'italien, le provençal,
l'espagnol, le portugais, etc., mais encore de nos patois qui sont les
héritiers des dialectes divers qu'on parlait dans les différentes pro-
vinces de la France avant la centralisation monarchique; puis, abor-
dant l'analyse intime des mots, il fait voir par quels procédés on peut
remonter à leur origine, les résoudre en leurs radicaux et découvrir
leur sens primitif; enfin, quel compte il faut tenir de l'accent phonétique, de la permutation des lettres, de l'analogie élémentaire des
autres langues congénères, etc. ; il y a sur tous ces points des règles
fixes, qu'il a grandement contribué lui-même à établir. Tout cela se

trouve ensuite résumé en quelques lignes, dans le corps du dictionnaire, après chacun des mots. Quand ceux-ci sortent victorieux de l'ensemble de ces épreuves, l'étymologie est légitime : si non, l'auteur a le bon esprit de la déclarer douteuse, insuffisante, ou même de nulle valeur; et l'enquête reste ouverte. Quand elle est bonne, elle vient, jointe à l'historique, nous donner la complète *généalogie* des mots.

L'étude parallèle de ces deux derniers paragraphes, en jetant un nouveau jour sur l'origine et le sens premier des mots, a permis à M. Littré d'introduire une autre innovation importante, non moins originale que les précédentes, je veux parler du *classement des significations*. Il n'est pas indifférent de les ranger dans tel ou tel ordre : quelle méthode doit-on suivre? L'Académie, qui veut que chaque édition de son dictionnaire représente l'état de la langue au moment de sa publication, s'attache surtout à l'usage ; et, conséquente avec elle-même, elle met en première ligne le sens qui, comme usuel, est le principal ; mais les langues vivantes changent sans cesse : combien de sens, combien de mots, qui avaient les mêmes qualités lors de la première édition, il y a deux siècles, sont tombés aujourd'hui dans la désuétude et l'oubli ! Avec l'arrangement de l'Académie la chaîne des idées et des époques est rompue, comme la filiation des sens : celui, qui prime de nos jours, n'est souvent qu'un dérivé, et même un des tard-venus : dès lors, comment classer après lui le sens originel quand on arrive à le connaître, et même les autres dérivés qui sont parfois plus anciens que lui, et qui, au lieu d'en provenir, peuvent même l'avoir engendré? Forcément ils viennent comme ils peuvent, sans ordre ni régularité, dans ce cadre vicié par une primauté adventice et passagère. Il était non moins fautif, et plus arbitraire encore, celui que proposa en 1842 le *Supplément* du dictionnaire de l'Académie : « Dans presque tous les articles, les différentes notions sont classées suivant le rang de dignité, pour ainsi dire, des connaissances humaines, en commençant par les plus littéraires, les plus philosophiques, celles qui sont directement relatives à l'objet d'un lexique, telles que la grammaire, la littérature, la logique, pour finir

par les plus matérielles, comme la minéralogie, la technologie. »
(L. Barré, *Préface*). N'est-ce pas là un simple assemblage, plutôt
qu'un véritable classement ? Tout autre est la marche adoptée par
M. Littré : il demande à l'étymologie la signification primitive des
mots, et à l'historique l'ensemble des acceptions diverses que le
temps a successivement vues naître ; quand ces acceptions sont
nombreuses et variées, les coordonner devient un travail épineux qui
réclame une érudition immense : M. Littré s'y était préparé de longue
main par des recherches considérables dont il a fait un fécond et
lumineux emploi. Il a très–bien compris que, si l'histoire est le flam-
beau de l'usage, l'érudition est ici, non l'objet, mais l'instrument, et
qu'on ne doit passer par son domaine que pour arriver au service et
à l'élucidation de la langue. Jamais sur ces questions l'érudition n'a
eu un rôle plus prépondérant, et jamais pourtant elle n'a fait une
figure plus discrète. Riche de tous les matériaux qu'il lui doit,
M. Littré dégage le sens primitif qu'il met au premier rang, et il classe
ensuite, suivant leur génération, les acceptions dérivées, détournées
ou figurées, en formant une série qui fasse comprendre par quelles
vues l'esprit, pour les créer, a passé de l'une à l'autre. C'est là à coup
sûr un classement logique, le plus naturel qu'on puisse formuler : il
satisfait avec toute la rigueur des méthodes scientifiques.

Telles sont les considérations générales qu'inspire l'étude attentive
du travail de M. Littré : elles s'appliquent à son dictionnaire d'un
bout à l'autre. Il est en outre certains points qui prêtent à des considérations particulières qu'il serait fâcheux de ne pas faire connaître :
car elles servent à compléter l'idée qu'on doit se faire de cet ouvrage.

Un dictionnaire n'est point un *Traité de synonymes*, mais il ne doit
pas laisser confondre des termes plus ou moins semblables : le sens
n'est pas suffisamment fixé, quand on n'apprend pas à distinguer le
mot de tous ses congénères ; c'est en cela que la *synonymie* se lie inti-
mement à la lexicographie. C'est une lacune qu'on déplore dans le
dictionnaire de l'Académie. M. Littré laisse aux philologues du siècle
dernier ces discussions subtiles et recherchées qui étaient plutôt des

analyses raffinées d'idées que des études de mots ; ses distinctions sont nettes et claires : il met à profit les travaux de ses devanciers, et ajoute ses propres remarques ; le tout est lumineusement résumé dans un paragraphe court et substantiel.

Voici une autre innovation qui mérite d'être mentionnée à cause de l'utilité qu'elle présente : quand un mot a des sens nombreux et que l'article doit être long, M. Littré a eu l'heureuse inspiration d'inscrire en tête un *Sommaire* avec des numéros d'ordre. On a ainsi l'avantage d'embrasser d'un coup d'œil l'ensemble des significations diverses ; et l'on peut choisir d'emblée la subdivision dont on a besoin, sans avoir la peine de parcourir l'article tout entier. Cela simplifie beaucoup les recherches, et abrège singulièrement le travail du lecteur. Il nous suffira de dire que l'article *sentir* a 19 divisions, *sens* 22, *sec* 25, *marcher* 26, *laisser* 30, *table* 33, *fort* 36, *aller* 39, *voir* 40, *rompre* 44, *mettre* 49, *point* 51, *tête* 64, *tenir* 72, *prendre* 80, *faire* 82, etc. Ces *Sommaires* seront fort appréciés des hommes d'étude. Le dictionnaire de l'Académie n'a rien de semblable, comme on peut s'en assurer aux mots *feu, haut, aller, faire,* etc.

Un dictionnaire n'est pas plus un *traité de grammaire* qu'il n'est un traité de synonymie : il est toutefois des difficultés et des règles inhérentes à certains mots, qui incombent au lexicographe comme des problèmes à résoudre ; il ne saurait passer outre sans rester fort incomplet. Et d'abord nous avons dans notre langue une foule de verbes irréguliers et beaucoup d'autres qui, sans l'être également, sont pourtant difficiles à conjuguer et à écrire correctement ; c'est un perpétuel embarras non-seulement pour les étrangers, mais encore pour les Français eux-mêmes : l'Académie, pour y remédier, conjugue les verbes les plus usuels, comme *aller, faire, voir,* etc.; ce n'est point assez : M. Littré a rendu un vrai service en les conjuguant tous, et j'ai maintes fois vu ses lecteurs s'en applaudir. Il va plus loin : il expose les divergences qui existent entre les grammairiens et l'usage, discute le pour et le contre, et donne ses conclusions : voyez *asseoir, acquérir, dissoudre, échoir,* etc. Il applique à la plupart des verbes

neutres une règle générale d'une extrême simplicité, à savoir qu'il
faut les conjuguer avec l'auxiliaire *avoir* quand on veut exprimer
l'action, et avec l'auxiliaire *être* quand il s'agit d'exprimer l'*état*;
voyez *déborder, décamper, découler, décroître, dégeler, monter*, etc.

Sous le titre de *remarques*, on trouve une série de petits chapitres
qui d'habitude ne font pas partie du plan des dictionnaires, mais qui
sont une des sections les plus instructives et les plus originales de
celui-ci : tous sont consacrés aux difficultés grammaticales que soulè-
vent certains mots et certains tours de la langue; ils renferment sous
une forme concise des études très-variées : là, M. Littré résume les
recherches des grammairiens et se borne à faire connaître leurs déci-
sions; ici, il critique leur opinion, et propose des règles différentes ;
plus loin, il s'attache à fournir l'interprétation de locutions proverbiales ou figurées qui étaient mal expliquées ou ne l'étaient pas du
tout ; ailleurs, il en appelle à l'Académie pour faire disparaître des
anomalies qu'il signale ; partout il enseigne les lois de l'usage, et
apprend à éviter des fautes qui se commettent journellement contre
la langue. C'est un esprit observateur qui va au fond des choses : sa
grammaire n'a pas le dogmatisme et la raideur des grammaires ordi-
naires, parce qu'elle vient de haut, parce qu'elle s'appuie sur de
nombreux faits, et qu'enfin elle va chercher des lumières dans la
vieille langue. Grâce à ce système, elle explique souvent ce que d'autres
condamnent, et fait des distinctions d'âge et de temps là où d'autres
croient devoir juger d'une manière absolue. Quelques exemples vau-
dront mieux que des paroles pour faire apprécier la valeur de ces
remarques, et l'on verra que tous les points sont abordés et discutés
depuis les simples questions d'accent, d'écriture et de genre, jusqu'aux
locutions les plus complexes.

Voici d'abord quelques *remarques* sur les irrégularités de l'accentuation : « Pourquoi l'Académie, qui écrit *soûl, soûler* avec l'accent
circonflexe, écrit-elle *dessouler* sans accent circonflexe? c'est une
inconséquence qui complique l'orthographe. » — « L'Académie, qui
met un accent circonflexe à *gaîne*, n'en met pas au composé *dégai-*

ner. C'est une anomalie inutile. » — « L'Académie écrit *embûcher*
et *débucher*, mots qui, de même radical, devraient s'orthographier de
même. » — « Dans le verbe *arpéger*, l'*e*, suivant la règle mauvaise
de l'Académie, garde l'accent aigu, même quand la voyelle qui suit
est muette, et bien qu'alors il se prononce comme *è*. » — « Dans
alleluia l'Académie devrait mettre un accent aigu sur la syllabe *le*,
puisque c'est la règle moderne. » — « L'Académie a tort de ne pas
mettre un trait d'union à *en cas* pris substantivement, *un en-cas* »; etc.

Voici maintenant d'autres *remarques* sur le *genre* des noms et sur
le *nombre*. « D'après l'Académie, *feu*, *feue*, n'a pas de pluriel ; cette
remarque n'est pas fondée, et il est correct de dire : les *feus* rois de
Prusse et d'Angleterre. » — L'Académie ne donne *impenses* qu'au
pluriel ; mais il n'y a aucune raison pour ne pas admettre le singulier. » — « L'Académie fait *lémures* du féminin ; mais, en latin,
Lemures est du masculin, et il n'y a aucune raison pour en changer le
genre en français. » — « Le dictionnaire de l'Académie fait *réaggrave*
du masculin, ainsi que Gui Patin ; mais c'est une anomalie sans raison, *aggrave* étant du féminin. » — « L'Académie fait *euphorbe* du
masculin ; mais les botanistes n'usent que du féminin, genre qui,
consacré par l'usage, devrait être préféré. » — « L'Académie indique
le mot *épistyle* comme étant du féminin ; mais ce ne peut être qu'une
faute d'impresssion, tous les mots en... *style* étant masculins. » —
M. Littré rappelle ailleurs que, dans l'édition de 1696 (3) l'Académie

(3) M. Littré rapporte à 1696 la 1re édition du dictionnaire de l'Académie ;
il le répète dans sa *Préface*, p. vii, et aux articles *dictionnaire, idylle, phi-
lautie, pistoler*, etc. — Est-ce bien la date historique ? L'opinion généralement admise est celle que J. C. Brunet reproduit en ces termes dans la
5e édition de son *Manuel du libraire* (1861, t. II): « La 1re édition, 2 vol.
in-folio, qui parut en 1694,... est tout à fait différente des autres, puisque
les mots y sont rangés selon leur racine. » La 2e édition a paru en 1718, aussi
en 2 vol. in-folio, — la 3e édition en 1740, — la 4e en 1762, — la 5e en 1798 et la
6e en 1835. » On voit qu'il n'y a rien pour 1696. Pour m'assurer *de visu* de l'état
réel des choses, j'allai voir le Dr Monfalcon, conservateur de la bibliothèque

disait *idylle* masculin, et que dans celle de 1740 elle a dit *idylle* féminin, comme elle le répète en 1835, la terminaison féminine l'ayant

---

de la ville de Lyon, qui mit à ma disposition les trois plus anciens exemplaires qu'on possède.

Le plus ancien de tous est celui de la *première* édition ; il est intitulé : « Dictionnaire de l'Académie françoise, dédié au roy. » Il est de 1694, et sur la dernière page de cet ouvrage, à la fin du privilége royal, on lit : Achevé d'imprimer pour la *première fois* le 21 jour d'aoust 1694. »

Le plus récent des trois est de 1718 ; il est intitulé : « *Nouveau* dictionnaire de l'Académie françoise, etc. » Les mots y sont rangés par ordre alphabétique ; il y a des additions assez considérables. « C'est, dit la préface, c'est plutôt un dictionnaire nouveau qu'une nouvelle édition de l'ancien. » Voilà ce qu'on a jusqu'ici appelé la *seconde* édition.

Mais entre celle de 1694 et celle de 1718, il y en a une autre qu'on paraît n'avoir pas connue jusqu'à présent, puisqu'aucun bibliographe n'en fait mention. C'était le troisième exemplaire que j'avais sous les yeux, également en 2 vol. in-folio, avec ce titre : « Le grand dictionnaire de l'Académie françoise, dédié au roy. » Il est daté de 1695 : c'est bel et bien une *seconde* édition, comme au reste l'indique le titre ; « *Seconde* édition reveüe et corrigée de plusieurs fautes, et où l'on a mis dans l'ordre alphabétique les additions qui estoient à la fin de l'édition *précédente*. » Le texte est imprimé en caractères moins gros et avec une composition plus serrée que celui de 1694.

Le tome I a 406 pages, tandis que celui de la 1re édition en avait 672 ; il reproduit : 1º l'épitre dédicatoire ; 2º la préface ; 3º la liste des membres de l'Académie ; 4º mais, au lieu du privilége du roi, il y a un privilége de la Hollande et des Pays-Bas ; 5º enfin les 4 pages d' « additions et corrections » de l'édition *précédente* y sont intercalées à leur rang.

Le tome II, daté aussi de 1695 et intitulé également *seconde édition*, a 394 pages, au lieu de 668 qu'avait celui de la 1re édition, et les trois pages d'« additions et corrections » qu'on y lisait à la fin, sont là rangées à leur ordre. En outre, il contient 3 pages de *nouvelles* « additions et corrections », et se termine par un *Avis aux lecteurs* où l'éditeur fournit 4 pages d'*errata*.

Il paraît que l'édition de 1694 avait été rapidement épuisée ; on l'attendait depuis longtemps : le privilége du roi est du 28 juin 1674. Aussi se vit-on forcé de réimprimer ce dictionnaire en 1695 avec les modifications et additions que nous venons d'indiquer et qui constituent tous les caractères voulus d'une *édition nouvelle*. Celle de 1695, qu'on paraît avoir ignorée jusqu'à ce jour, fut donc manifestement la *seconde*, et non celle de 1718 comme on l'a cru. Cette petite découverte mérite d'être signalée pour l'histoire de la langue et de l'Académie et pour la bibliographie. Désormais il faudra changer l'ordre admis par Brunet d'après l'opinion commune, et reconnaître que l'édition de 1835, qu'on croyait et qu'on nommait la *sixième*, est réellement la *septième*.

emporté, pour décider le genre, sur l'étymologie *idyllium*. Il fait une *remarque* analogue pour *idole*, dont le genre a varié : il est masculin dans Corneille, La Fontaine et la grammaire de Chifflet, et féminin dans Malherbe, comme aujourd'hui : ceux qui faisaient *idole* masculin obéissaient à l'étymologie *idolum*, et ceux qui l'ont fait féminin ont obéi à la terminaison qui est féminine. M. Littré nous apprend que beaucoup de noms ont été tour à tour des deux genres, comme : *échange*, que nous faisons masculin, et que Malherbe a employé au féminin, *une* échange; *écritoire*, qui pour nous est féminin, était masculin pour Rabelais s'appuyant sur l'étymologie *scriptorium*; *ébène*, que Voltaire écrit au masculin « ébène ébréché », est de nos jours féminin, comme le voulait Ménage; *écumoire* a été des deux genres, on a dit *un écumoir* et *une écumoire*, de même qu'on a écrit *le* (Cyrano de Berg.) et *la réussite*, etc. L'auteur ajoute : « On fait souvent *effluve* du féminin ; c'est une faute : ce mot est masculin. *Effluve* a été introduit dans la science par Lancisi » etc.

C'est surtout contre les irrégularités de l'orthographe que s'élève M. Littré : « *Terre-plein* est une fausse orthographe, *plain* venant non de *plenus*, mais de *planus*. » — « L'Académie écrit avec un seul *p*, *clopin. clopant*. et elle en [illegible] développé [illegible] à l'analogie. » — « L'Aca[illegible] une écr[illegible] [illegible] seul *p*, et *appauvrir* par deux. Il faudrait établir la conséquence, et mettre partout ou un seul *p* pour simplifier l'orthographe, ou deux *pp* pour témoignage de l'étymologie. » — « Pourquoi l'Académie écrit-elle *ralentir* par une seule *l*, tandis qu'elle écrit *rallonger* par deux *l*? la bonne règle serait de ne mettre qu'une *l* là où la prononciation n'en met qu'une. » Il demande que l'écriture se conforme le plus possible à l'étymologie (4) : « On ne voit pas pourquoi l'Acadé-

---

(4) M. Littré ne reste pas fidèle à cette règle, en disant : « On n'écrit plus *abyme*, malgré l'étymologie, *abyssus*. » Je crois me montrer fidèle à ses propres principes, en réclamant : d'ailleurs *abyme* est admis dans le dictionnaire de l'Académie, celui de Bescherelle etc., les vocabulaires de Rolland, Ch.

mie (qui écrit *cariatides*) n'a pas conservé l'orthographe étymologique, *caryatides.* » — « Jusqu'à sa dernière édition, l'Académie
avait écrit *imbécille* avec deux *ll* conformément à l'étymologie. La
suppression d'une *l* dans ce mot est d'autant plus surprenante qu'on
en met deux dans le substantif *imbécillité,* PAUTEX. » — On sait que
maintenant l'Académie n'écrit pas par deux *n assonance* et *disso-
nance.* L'auteur fait cette *remarque* très-juste : « Autrefois l'Académie écrivait *assonnance* et *dissonnance* avec deux *nn,* comme elle
écrit encore aujourd'hui *consonnance* et *résonnance.* Tous ces dérivés
du substantif *son* devraient suivre la même orthographe. Ces anomalies, que rien ne justifie, compliquent inutilement l'orthographe,
et devraient être rectifiées. »

On voit, par ces exemples, dont il serait aisé de grossir le nombre,
si besoin était, que c'est à juste titre que M. Littré fait un chaleureux
appel à l'Académie pour débarrasser notre langue et son dictionnaire
de ces choquantes irrégularités : « Il appartiendrait à l'Académie,
que les imprimeurs suivent, de rectifier une aussi vicieuse orthographe. » (Article *sens*). « Il existe entre *détonner* et *intonation* une
anomalie que l'Académie devrait faire disparaître en suivant la règle
donnée par Dumarsais et Duclos, qu'il est mauvais de doubler les
lettres qui ne se prononcent pas, quand l'étymologie [*Detonare* en
latin n'a qu'une N] ne l'exige pas. » (5) Une règle élémentaire de la

---

Nodier, etc., qui inscrivent les deux formes. Laveaux, Nap. Landais, etc.,
n'admettent qu'*abyme.* Je fais les mêmes réserves pour *anévrysme, anhydre,
oxycrat, oxyde, oxydation,* etc., que M. Littré préfère exclusivement, mais
que par négligence ou ignorance on se met à écrire *anévrisme, anhidre,
oxicrat, oxide, oxidation,* etc.

(5) On peut avoir, en partie, la clef de la plupart de ces anomalies en
suivant l'histoire de la langue : l'ancien français a subi, à son origine, l'influence germanique; or, en allemand, une voyelle suivie de deux consonnes
est brève ; le latin *tonare* (retentir, faire du bruit) devait, dès lors, pour ces
barbares prendre la forme *détonner;* et si l'on parcourt la liste des mots
ainsi formés, on verra que la voyelle, qui précède ces deux consonnes, se
prononce brève : *tonner, entonner, consonnance, résonnance,* etc. C'était l'accent

grammaire veut que l'*è*, marqué d'un accent grave, reste toujours ouvert lorsqu'il termine la syllabe et qu'il est suivi d'une consonne ou d'un *e* muet : il *espère*, il *pèse*, *modèle*. Or, il y a une étrange contradiction entre l'accentuation et la prononciation dans les cas suivants que relève et blâme M. Littré : « On a accepté, du moins pour l'écriture, *sacrilége*, *sortilége*, *collége* qu'on écrit par un accent aigu ; mais la prononciation usuelle met un accent grave, et dit comme s'il y avait *sacrilège*, *sortilège*, *collège*. C'est un cas où l'Académie devrait intervenir. » (Article *accent*). Ce ne sont pas les seuls exemples que la critique peut signaler : « Dans *piége*, malgré l'accent aigu, la prononciation fait entendre un accent grave, *piège*. » — « Dans *décevoir* et les autres mots de cette famille (*décevable*, *décevant*), la prononciation met plutôt un accent grave *dècevoir*, qu'un accent aigu *décevoir*. » Il faut espérer que dans une prochaine édition l'Académie opérera une partie au moins des réformes demandées (6).

---

tonique qui guidait en ceci l'arrangement des lettres, sans grand souci de l'orthographe latine reléguée sur un second plan. Au contraire, à partir de la renaissance, le procédé savant se substitue au procédé populaire : l'étymologie latine prévaut, et l'orthographe est en partie changée, calquée qu'elle est sur le latin. (E. Jullien, professeur, agrégé de l'Université).

(6) Voici d'autres exemples bien propres à démontrer l'urgence d'une réforme : « *Futacé*, dérivé de *fût*, n'a pas reçu d'accent de l'Académie, bien qu'il y en ait sur *affût*, *affûter*, etc. Même remarque pour *futaille*, *futé*. » — « L'Académie écrit *compacte* avec un *e*, tandis qu'elle écrit *intact* sans *e*, bien que la finale latine *actus* soit la même des deux parts. Il est certain, vu la prononciation, qu'il serait mieux de mettre un *e* à *intact* que de le retrancher à *compacte*. » — « L'Académie écrit *j'assoirai* sans *e*, mais je *surseoirai* avec un *e*. Il faudrait remettre la concordance entre ces deux verbes que rien ne doit séparer, afin de diminuer les exceptions qui compliquent inutilement l'orthographe. » Une circonstance aggravante à noter, c'est que l'Académie écrit avec un *e* les deux verbes *seoir* qui sont ici le radical. « On remarquera que l'orthographe distingue l'adjectif *fatigant* et le participe *fatiguant*, bien que ce soit le même mot. » On peut, certes, se demander pourquoi, comme dans les cas suivants : « *trafiguant* : il semblerait naturel d'écrire *un traficant* comme on écrit *un fabricant*, Pautex. » — « Autrefois l'Académie [qui aujourd'hui met *excédant*] écrivait *excédent*, s. m., qui était en harmonie avec *précédent* et

Passons aux locutions, en commençant par les plus usuelles, celles qui par là même sont le plus exposées à être communément altérées. On reconnaîtra, pour les avoir plus d'une fois entendues, les fautes que l'auteur reprend afin d'enseigner à les éviter. « On dit *midi est sonné*, et non pas *a sonné*, encore moins *ont sonné*. Mais on dit l'*horloge a sonné*, parce que c'est l'horloge qui sonne, au lieu que ce sont les heures qui sont sonnées par l'horloge. *Midi* ne s'emploie pas au pluriel : dites, je m'y rendrai sur *le midi* et non sur *les midi*. » — « C'est un barbarisme de dire : je *vous remarquerai que*...; dites, je *vous ferai remarquer que*. » — « Ne dites pas, comme l'Académie, *abricots* en *espalier* : *l'arbre* est *en espalier*, le *fruit* est *d'espalier*. » — « On dit fréquemment, je vous paierai *à l'avance*. Cela n'est pas conforme au bon usage qui ne reconnaît que *par avance* ou *d'avance*. » — « On entend souvent des phrases comme celle-ci : Mon argent est placé *à cinq du cent*. C'est une locution vicieuse : dites *à cinq pour cent*. *Cinq du cent* voudrait dire *cinq du cent de francs*. Or, on ne dit jamais *un cent de francs*. » — « L'Académie dit *sous l'apparence d'amitié*. Cela ne paraît pas correct : il faut *sous une apparence d'amitié*, ou [comme elle l'écrit aussi] *sous apparence d'amitié*, ou *sous l'apparence de l'amitié*. » — « Le danger de l'amphibologie est fort à craindre dans une phrase comme celle-ci qu'on entend tous les jours et qui est dans le dictionnaire de l'Académie : « J'ai *acheté* une montre *à mon fils* », dans le sens de *pour mon fils*, mais qui peut aussi signifier « J'ai acheté *de mon fils* une montre. » On prendra bien

---

antécédent qui ont même radical que *excédant*. » — « Il est certain que *différent* adjectif et *différend* substantif sont le même mot. Etablir une différence orthographique, est-ce une raison suffisante pour rompre l'analogie? Cela est d'autant moins nécessaire que dans d'autres mots on n'a plus le même soin, et qu'on n'écrit pas *incidend* substantif et *incident* adjectif, *expédiend* substantif et *expédient* adjectif. » — « Dans la désinence *ellerie* l'Académie met généralement deux *l* : *coutellerie, hôtellerie*, etc. Il n'y a que deux exceptions : *grivèlerie* qui prend un *è*, et *bourrellerie* qui a une seule *l* et un *e* muet. Ces anomalies doivent être corrigées. » Ajoutons qu'il est presque impossible de prononcer le mot *bourrellerie* tel qu'il est écrit, etc.

garde, en s'en servant, à l'amphibologie ; et en tout cas, ici l'emploi de *à* au lieu de *pour* est du parler vulgaire et négligé. » — « *Accoucher*, verbe neutre, se conjugue avec *avoir* quand il s'agit d'exprimer l'*action*, « elle *a accouché* heureusement », et avec *être* quand il faut exprimer l'*état* : « Elle *est accouchée* depuis un mois. » Locution vicieuse : elle *a accouché* d'hier, dites : elle *est accouchée* d'hier. » — « A côté de *se faire moquer*, tournure qui est là tournure régulière, il s'en est introduit une autre qui est complètement inconciliable avec la syntaxe ; c'est, *vous vous ferez moquer de vous*. *De vous* ne peut se construire : *faire moquer soi de soi* ne signifie rien. Cependant cette locution, toute opposée à la grammaire et même toute barbare qu'elle est, a pour elle l'usage, l'autorité de l'Académie et celle des exemples, etc.... Malgré tous les exemples, on fera bien d'éviter cette locution soit en parlant, soit en écrivant, » etc. (7).

Je ne pousserai pas plus loin ces disquisitions : ce qui précède doit amplement suffire pour la démonstration de la thèse que j'avais entreprise. Je veux à présent, sous le modeste couvert d'une simple

---

(7) L'auteur ne nous semble pas aussi heureux dans les exemples suivants : « *Se résoudre de* a été condamné par l'Académie, il *se résolut à* faire le voyage de Rome, et non il *se résolut de* faire (Académie, observations sur Vaugelas) et par Voltaire : *se résout de se perdre*, est un solécisme, *je me résous à, je résous de*. (Comment. Corneille, rem. Rod. 1. 6.) Néanmoins cette construction est appuyée par trop d'autorités pour qu'il y ait scrupule à s'en servir. » J'avoue que j'aurais ce scrupule. — « Des grammairiens disent que *allé* ne peut pas s'employer sans son auxiliaire ; cela est en effet peu usité, mais il n'y a aucune raison pour ne pas s'en servir comme de *descendu, sorti*, ainsi que l'a fait Saint-Simon. » Ici encore je ne suis pas convaincu : je doute fort que Saint-Simon soit toujours un modèle de style correct. — « On dit *cher monsieur*, mais on ne dit pas *chère madame* ; il faut *chère dame*. Cependant les dames en s'écrivant disent quelquefois : *ma chère madame*. » Je répondrai avec M. Richelot : « Si l'on peut dire *cher monsieur*, nous ne voyons pas pourquoi il serait défendu de dire *chère madame*. Cette expression, *chère madame*, est acceptée par l'usage, soit dans la correspondance, soit dans la conversation. De plus, les deux locutions, *chère dame* et *chère madame* ne sont pas applicables aux mêmes cas : la première est plus familière, la seconde plus respectueuse. » (Dr Richelot, *Union médicale*, 22 avril 1873).

étude d'orthographe et de prononciation, pénétrer plus avant dans le cœur même du sujet : car, il ne faut pas s'y tromper, ces deux questions, sous une apparence infime, touchent aux éléments essentiels du langage; c'est là en définitive que tout converge ; et c'est en s'occupant avec un soin jaloux de tout ce qui est de leur domaine, que les grands dictionnaires parviennent le mieux à accomplir leur haute mission en ce qui concerne la conservation et l'épuration de la langue. Nous ne devons point oublier que c'est par l'altération capricieuse de l'orthographe et de la prononciation que se prépare et commence en général la décadence des langues.

L'orthographe a d'autant plus besoin de cette haute surveillance, que souvent elle reçoit un échec de ceux-là mêmes de qui elle devrait le moins en attendre. Delille a écrit au singulier *dé* avec un z : Dans le cornet fatal le *dez* a retenti. (*Imagin.*, II.) Inversement, Béranger a écrit *nez* sans z pour faire rimer *né* avec *profané*. (Mort de Charlemagne.) Delille pouvait alléguer pour excuse qu'au XVIIᵉ siècle on avait fait comme lui. Béranger ne saurait rien dire de pareil.—Voltaire a péché contre la grammaire, en mettant, à l'impératif, une *s* à la deuxième personne du singulier, dans ce vers de la *Henriade*, VII : « *Retranches*, ô mon Dieu, des jours de ce grand roi. » Lamartine, au contraire, a écrit *débris* sans *s* pour faire rimer *débri* avec *cri*, (Harm. IV, 14.) « C'est une faute : *débris* venant de *briser* ne peut perdre l'*s*. » La Fontaine, au rebours de Lamartine, ajoute, au singulier, une *s* à *fourmi* : « Quand sur l'eau se penchant une *fourmis* y tombe. » Mais en cela il a usé pour son vers d'un archaïsme qui se trouve dans Amyot. — M. Littré note que les botanistes écrivent *alisier* et l'Académie *alizier*. — Béranger a mis *réveil-matin* en quatre syllabes, prenant par erreur le substantif *réveil* au lieu du verbe *réveille*. (Voy. *Vivand*). — La Fontaine a écrit *révérente* pour *révérende*: « très-*révérente* mère en Dieu, qui *révérente* n'êtes guère, et qui moins encore êtes mère, etc. » (*Poésies mêlées*, XX). « — L'Administration des postes s'obstine, fait remarquer M. Littré, à écrire au pluriel des *timbres-postes*, malgré le sens et le public. Des *timbres-poste*, c'est-à-dire, des *timbres de la poste*. » — De

laideron, s. f., Voltaire a fait *laidron,* en lui conservant le genre
féminin : « Mlle Corneille est une *laidron* piquante. » Béranger fait
aussi *laidron* de deux syllabes, mais de plus il métamorphose le féminin en masculin : « D'*un laidron* je deviens l'époux. (*Ang. gard.*) —
M. Littré reproche à l'Académie de mal orthographier *baladin* et
baril : « Il vaudrait mieux, comme dans le XVIe siècle, dans la première édition du dictionnaire et dans Furetière, écrire ce mot (*baladin*) par deux *ll,* comme *ballade, baller,* auxquels il tient. On ne voit
pas pourquoi l'orthographe a été changée. » — « L'Académie, [qui
donne *buril*], devrait écrire *barril* avec deux *r,* comme elle écrit *barri-
que,* ou n'en mettre qu'une à ce dernier mot, afin de conserver les
analogies qui facilitent toujours l'orthographe. » — « Lamartine a
écrit *rostre* au singulier pour la tribune aux harangues : « C'est
l'heure de monter *au rostre* ensanglanté. » (*Harm. à Némés.*). Cela
ne peut se dire : ce mot est nécessairement du pluriel, *rostra.* » etc.

Il faut, pour bien apprécier ces questions d'orthographe et leur
influence sur la langue, ne pas se borner à les étudier une à une dans
des cas isolés : il est nécessaire de les examiner plus en grand et par
séries. Je suis surpris de voir l'Acédémie orthographier diversement
des familles entières de mots, dont la physionomie se trouve comme
défigurée par d'incroyables irrégularités : ainsi elle retranche l'*h*
médiane dans *hémorragie* et ses dérivés, dans *hémorroïdes* et ses
composés : à mon avis, l'*h* initiale, qui n'est plus aspirée dans notre
langue, avait moins de droit peut-être à être conservée que l'*h*
médiane qui après l'*rr* est un vestige utile de l'aspiration étymologique ; l'Académie la rétablit elle-même dans les mots simples comme
rhagade, rhéteur, rhume, rhumatisme, et dans les composés comme
parhélie, leucorrhée, diarrhée, etc. ; il y a plus : elle a mis une *h* dans
des cas où il n'y a aucune aspiration, par exemple dans *hermite,
hermitage,* qu'on n'est guère autorisé à écrire ainsi (même en ren-
voyant à *ermite, ermitage*) puisque le mot grec *Éremos* qui en est la
racine (d'où est tiré aussi le latin *eremita,* sans *h*) n'est nullement
aspiré, étant marqué d'un esprit doux. L'*h* avait, certes, autant

de titres pour être respectée dans *hémorragie* que dans *orthopédie*, *orthodoxe*, et surtout *ichthyophage* où les *h* sont accumulées. J'ai voulu feuilleter le *supplément* de F. Raymond ; c'est un type d'anomalie : il écrit *hémorroïdaire* et *hémorrhinie*, *hémorragie* et *diarrhage*, *hémorroscopie* et *diarrhodon*, *hémorroïs* et *gastrorrhée*, *rhinorrhée*, etc. J'ai été très-aise de voir M. Littré rétablir la véritable orthographe étymologique : « *Hémorragie* suivant le dictionnaire de l'Académie, mais mieux *hémorrhagie*. » — « *Hémorroïdes* suivant l'Académie, mais mieux *hémorrhoïdes*, » etc.

La question devient plus grave, quand l'écriture touche aux accents, et menace de modifier, disons le mot, d'altérer la prononciation. M. Littré s'élève contre l'accentuation dont l'Académie marque le futur et le conditionnel dans les verbes comme *dégénérer, léser, décéder, pécher, décolérer, sécher*, etc. Dans tous les autres temps, la pénultième, d'après la règle, prend un accent grave quand la dernière devient muette : *dégénérer*, je *dégénère ; léser*, je *lèse*, etc. Quand cette pénultième, en passant au futur et au conditionnel, devient antépénultième, l'Académie l'écrit avec un accent aigu : « Dans *dégénérer*, la syllabe *né* prend un accent grave quand la syllabe qui suit est muette, *je dégénère*, excepté, *exception qui ne se justifie pas*, au futur et au conditionnel, *je dégénérerai, dégénérerais*. » — « Dans *décolérer*, la syllabe *lé* prend un accent grave quand la syllabe qui suit est muette *je décolère*, excepté, *selon la règle non justifiée que suit l'Académie*, au futur et au conditionnel, *je décolérerai, je décolérerais*, » etc. Il faut, pour prononcer ainsi, faire un effort manifestement contraire à notre habitude de parler en province. A Paris, j'ai souvent, en observant les pensions qui venaient le jeudi se promener au jardin du Luxembourg, entendu les élèves prononcer ces futurs à peu près comme les accentue l'Académie ; ceux qui *parisianisaient* le plus allaient même jusqu'à mettre un faible accent aigu sur les verbes où il n'y en a d'aucune sorte : *nous trouvérons*. Ces intonations se corrigent à la longue, soit par les voyages, soit par le contact des étrangers qui affluent à Paris. L'Académie n'aurait-elle

pas voulu s'affranchir tout à fait de l'accent parisien ? Je ne sais.
Mais je vois qu'elle a donné elle-même plus d'un démenti à sa règle :
« Dans *celer*, la syllabe *ce* prend un accent grave devant une voyelle
muette, *je cèle*, [et même au futur] *je cèlerai*. Mais, par une inconséquence singulière, l'Académie, qui écrit *celer*, écrit *recéler*, et au futur
je recélerai. » Je note qu'elle viole encore sa règle en écrivant : « *déce-
ler, je décèle, je décèlerai*. » Ajoutons que la prononciation ne corres-
pond même pas toujours à l'accent : « Assécher : *J'assèche* avec l'accent
grave devant la syllabe muette, excepté au futur et au conditionnel,
j'assécherai, j'assécherais, où *pourtant la prononciation reste* comme
dans *j'assèche*. » C'est donc un point sur lequel il est bon d'appeler
l'attention des écrivains influents.

Ceci nous conduit à l'examen d'une question connexe : M. Littré,
pour simplifier, voudrait uniformiser l'orthographe des verbes tels
que congeler, appeler, renouveler, épeler, étinceler. « Dans *renouveler*, l'*l* se double quand la syllabe qui suit est muette, *je renouvelle,
je renouvellerai*. » — « *Appeler* : L'Académie exprime ici par *ell* le
passage de l'*e* muet à l'*e* ouvert, *j'appelle ;* ailleurs elle rend ce
passage par *èle*, comme dans *je gèle ;* il serait bien utile d'adopter
pour tous les cas une orthographe uniforme. » — « Dans *congeler*,
l'*e* muet de *ge* se change en *è* devant une voyelle muette. Mais on ne
voit pas pourquoi il ne se conjugue pas comme *appeler* avec deux *l*, ou
appeler comme *congeler* avec l'accent grave. » — Qu'il me soit permis
ici de soumettre humblement mes vues personnelles sur la solution de
cette difficulté. La règle de M. Littré paraît trop générale : elle veut
réunir, mais semble confondre des cas qui ne sont pas identiques. A
mon sens, l'*e* ouvert présente deux degrés phonétiques : le *premier*,
qui est le plus faible, est représenté par *ell*, comme *j'appelle, je renouvelle, j'étincelle, j'excelle, j'attelle, j'ensorcelle*, etc.: le verbe se comporte ici comme le substantif *pelle, nouvelle, étincelle, attelle*, etc. —
Le *second* degré, qui est plus ouvert, exige un accent grave sur l'*e*
suivi d'une seule *l* : je *modèle*, je *harcèle*, j'*écartèle*, je *martèle*, je *pèle*,
je *gèle*, il *dégèle*, il *regèle*, etc. La distinction que je propose est con-

firmée, d'abord par l'orthographe de l'Académie que je donne ici,
ensuite par la comparaison de l'*l* avec le *t* que nous allons voir régi
par les mêmes règles : dans le *premier* degré phonétique, il y a deux
t, comme il y avait plus haut deux *l* : *banqueter*, je *banquette*; *biqueter*,
je *biquette*; *coqueter*, je *coquette*; *cacheter*, je *cachette*; *étiqueter*,
j'*étiquette*; *trompeter*, je *trompette*; le verbe ici se comporte comme le
substantif : *banquette, biquette, cachette, étiquette, trompette*, etc. —
Dans le *second* degré, qui est plus ouvert, apparaît l'accent grave avec
un seul *t*, comme plus haut avec une seule *l* : *acheter*, j'*achète*; *compléter*, je *complète*; *décréter*, il *décrète*; *inquiéter*, il s'*inquiète*; *répéter*,
je *répète*, etc. Il me semble que cette comparaison devient tout à fait
démonstrative, grâce aux exemples qui l'accompagnent (8).

La *prononciation* n'a pas moins d'importance et ne demande pas
une surveillance moins attentive que l'orthographe. On peut en dire
ce qu'Esope disait de la langue « qu'il n'y avait rien de meilleur et
rien de pire. » Je vais la montrer à l'œuvre, et menaçant notre langue
de toutes parts. Il est besoin d'un critérium éprouvé pour faire un
choix sévère et maintenir l'unité. « Quand chacun, disait Ch. Nodier,
écrira sa prononciation, au lieu de la langue orthographique, il n'y
aura plus de langue. » Il n'entendait point que l'écriture fût la base
absolue du langage : « L'orthographe, ajoutait-il, devrait être l'auto-

---

(8) Un élément dont il faut ici tenir grand compte pour la solution de ces
difficultés, c'est l'étymologie latine. Ainsi pour l'*l* on peut, dans le *premier
degré* phonétique, signaler les rapports suivants : j'*appelle*, je *renouvelle*, j'*excelle*, j'*étincelle*, etc.: *appellare, novellare, excellere, scintillare*. — Dans le
deuxième dégré, on a *peler* du latin *pilare* ôter le poil, de *pilus* poil : dans le
vieux français, *peau* se disait *pel* aux XI° et XII° siècles. On a aussi *marteler*,
de *martel* du latin *marculus* (Pline) marteau. Enfin *gelu* est la racine de
gelare, congelare, regelare, etc. —Il en est à peu près de même pour le *t*. Toutefois, dans le *premier degré* phonétique, il y a cette particularité à remarquer que le *t* double, *tt*, qui est commun en français, est chose rare en latin ;
et à défaut d'exemples, c'est l'analogie qui peut ici servir de point de repère.
Mais, pour les cas du *deuxième degré*, les exemples abondent : il suffit de citer
je *complète*, il s'*inquiète*, il *décrète*, je *répète*, en regard de *completus, inquietus,
decretum, repetere*, etc. (E. Jullien, professeur agrégé de l'Université.)

rité invariable du mot, et non la vague et mobile figure de son émission orale. » C'est l'usage le plus général et le plus correct qui doit être ici le souverain arbitre. — M. Littré s'occupe de la *prononciation* à un double point de vue : il l'étudie d'abord dans le mot ; l'Académie l'a fait pour quelques-uns, il le fait pour tous : indispensable pour les étrangers, cette étude est utile pour tout le monde, même pour les plus habiles ; on pourrait en produire plus d'un exemple ; en voici un relatif à Buffon : « Pour Buffon, *igné* (qu'il écrivait *ignée* : ce fut l'orthographe primitive de ces mots tirés du latin, *momentanée, instantanée,* etc.; depuis on les a soumis à la règle générale) était un mot dont la prononciation était incertaine : « Le mot *ignée*, quoique bon, n'est point encore d'usage ; ainsi je ne puis pas vous dire comment on doit le prononcer : si l'on suit le génie de la langue, il faut le prononcer *inniée*, et c'est ainsi qu'on le prononcera s'il devient usité ; mais comme il ne l'est point encore, et qu'il vient du latin *igneus*, je crois qu'on doit conserver sa prononciation latine et faire sentir le *g*. » C'est cette dernière considération qui a prévalu. — M. Littré se préoccupe d'une autre particularité de la prononciation, je veux parler de *la liaison des mots entre eux* : c'est ce qu'on chercherait vainement dans les autres dictionnaires ; aussi cette innovation sera-t-elle fort appréciée. « La conversation des honnêtes gens, faisait observer l'abbé d'Olivet, est pleine d'hiatus volontaires qui sont tellement autorisés par l'usage, que, si l'on parlait autrement, cela serait d'un pédant ou d'un provincial. » Il importe beaucoup de connaître ces règles, car il y a là matière, suivant un jeu de mots célèbre, à bien des *liaisons dangereuses*. On doit se conformer le plus possible aux principes de la tradition ; et dans ce dessein M. Littré indique, avec un soin particulier, quand et comment la dernière consonne se lie, et quand elle ne se lie pas, le tout étayé d'exemples ou éclairé par la discussion.

Ce n'est point à rendre invariable la prononciation, que doivent tendre les efforts : — car il est dans la nature des langues vivantes qu'elle soit mobile et changeante ; — c'est à déterminer ce qu'elle est et

doit être pour le siècle où l'on écrit, à signaler ses écarts, à redresser
ses tendances mauvaises et à corriger les locutions fautives qu'elle a
pu enfanter. — Molière fait rimer *bête* avec *boîte* qui de son temps
se prononçait *bouète*, et qui pour nous est devenu *bouate*. Ici la prononciation a changé sans changer l'orthographe ; ce n'est pas le cas
ordinaire : on devinerait difficilement la véritable étymologie de *couvent*, si Vaugelas ne nous apprenait que ce mot, qu'on trouve dans les
XIVe, XVe et XVIe siècles et jusque dans le poëte satirique Régnier,
sous sa forme légitime de *convent*, du latin *conventus*, que ce mot,
dis-je, commençait à se prononcer de son temps *couvent ;* on prend
là sur le fait l'altération que le parler amène dans l'écriture. Il y en a
plus d'un exemple : « Au XVIe siècle, d'après Bèze, les Parisiens prononçaient à tort *fesant* au lieu de *faisant ;* c'est cette prononciation
parisienne, condamnée alors, qui a prévalu : on prononce aujourd'hui
fesant, fesons, fesiez. » A présent quelques auteurs en sont venus à
écrire ainsi les composés de ce verbe. « On trouve aussi dans les
livres l'orthographe *feseur* conforme à la prononciation [au lieu de
faiseur]. » — « L'Académie dit que *il échoit* se prononce comme *il
échet ;* cela ne paraît pas conforme à l'usage : la prononciation *échoit* est
même plus fréquente que la prononciation *échet.* » Je me rappelle
avoir connu dans mon enfance des vieillards qui prononçaient le
subjonctif du verbe *être* comme l'Académie le veut pour l'indicatif
d'*échoir :* ils disaient *qui que ce set*, au lieu de *qui que ce soit*. C'est là
assurément une prononciation surannée et fautive : est-elle plus
irrépréhensible celle que j'ai, depuis, entendue au Théâtre-Français,
où l'on dit le mot *soit*, même à la fin d'une phrase, en faisant
sonner le *t* comme s'il était suivi d'un faible *e* muet ? « Certains, dit
M. Littré, font sentir le *t*, quand *soit* est isolé : cela ne vaut rien. »
— Je ferai remarquer que la prononciation a d'autant plus d'influence
qu'il s'agit de termes plus usités : ce sont toujours les plus exposés ;
on peut dire que le mal porte préférablement sur les mots courants,
parce que, souffrant du contact de tout le monde, ils ne peuvent plus
résister à la longue à cette usure incessante. — Ce n'est donc pas

sans de puissantes raisons que M. Littré réagit énergiquement contre la façon défectueuse dont beaucoup de Parisiens prononcent de nos jours les deux *ll* mouillées, en disant *ti-yac* pour *tillac*, *sémi-yan* pour *sémillant*, *éparpi-yé*, pour *éparpiller*, *ti-yeul* pour *tilleul*, *ta-yeur* pour *tailleur*, etc; il sait que les mauvaises semences ne fructifient que trop, et que le mieux sera toujours, quand on le peut, de couper le mal dans sa racine. — Il faut se tenir en garde contre les tendances envahissantes de la voyelle *i* : dès le XVIIe siècle, dire *difinir* et *difinition* était assez accrédité pour qu'en 1668 Buffet ait cru devoir prémunir contre cette faute. De nos jours, quelques personnes disent *à bon esci-in* pour *à bon escient*, et un plus grand nombre, *ingrédi-in* pour *ingrédient* : les deux mots riment avec les finales *ant* et *ent*. De même on entend tous les jours *acagnarder* et *s'acagnarder* métamorphosés par une prononciation vicieuse en *acagnardir* et *s'acagnardir*. On peut en dire autant de *fanir* au lieu de *faner* : car, bien qu'au XVIe et au XVIIe siècle, on ait écrit *fanir* (Voyez Racan, Psaume 35), cette forme est aujourd'hui hors d'usage, etc.

Une prononciation mal réglée fait parfois longues des voyelles brèves : « Au XVIIe siècle, beaucoup prononçaient *fâble ;* car on faisait un reproche de mettre à la rime *périssable* et *fable*, etc. (Francion, l. V.) Au reste, aujourd'hui aussi, quelques personnes prononcent *fâble.* » — « Quelques-uns prononcent *sâble ;* mais il n'y a aucune raison de lui donner le son d'*a* circonflexe, comme dans *âme*. » — D'autres fois, elle fait brèves des syllabes longues : « *diffamer* et les mots qui en dépendent devraient se prononcer *diffâmer* comme *infâme*. En prononçant *diffamer*, on semble le rapprocher de *affamer* : c'est une confusion fâcheuse introduite par la négligence de la prononciation. » On peut attribuer à cette même cause les altérations suivantes. Ainsi la prononciation à l'anglaise retranche des voyelles : « Dans *décolleter*, il faut se garder d'une prononciation très-répandue parmi les femmes [à Paris], *je décol'te*, partout où il y a deux *tt*, *je décollette.* » — « Le verbe *caqueter* est très-mal conjugué par certaines personnes qui prononcent *je caqu'te, je caqu'terai*, au

lieu de *je caquette, je caquetterai.* » — « *Épousseter :* j'*époussette,*
j'*époussetterai ;...* la prononciation vulgaire et fautive est j'*épouste,*
j'*épousterai ;* cela se trouve aussi dans quelques auteurs : « Oui-
dà, très-volontiers , je l'*épousterai* bien. » (Molière , l'*Étourdi,*
IV, 7.) « Il *épouste* parfois aussi mon justaucorps ». (Legrand, *Famille
extravag.*, sc. II.) » — On va jusqu'à retrancher des mots : « C'est une
irrégularité de langage de dire *une heure et quart;* on dira *une heure
et un quart,* ou bien *une heure un quart* sans *et.* » — « C'est une
faute de dire *arrive ce qui pourra ;* il faut *en arrive ce qu'il pourra.*
Car, l'ellipse étant remplie, on a : *en arrive ce qu'il pourra arriver.* »
— C'est encore par une mauvaise prononciation qu'on en vient à
décomposer des mots, dont en fait des barbarismes qui, à force d'être
répétés, s'impatronisent dans la langue : « Les anciens textes mon-
trent qu'il y avait un verbe *assavoir* qui se construisait comme les
autres avec *faire,* et qu'on a mal à propos décomposé en *à savoir. Faire*
est toujours suivi de l'infinitif sans aucun intermédiaire, excepté dans
la locution *faire à savoir ;* mais on voit qu'elle est l'altération d'une
locution correcte qui rentrait dans la règle.»(Article *assavoir*).« Génin
a établi par de bonnes raisons, ce semble, qu'il faut lire *assavoir.* »
(Article *faire,* n° 53.) — La prononciation défectueuse expose parfois
à d'étranges confusions : on sait que *barcarolle* est le nom d'une
chanson particulière aux gondoliers : « Victor Hugo (*Orient.*, 5) s'est
servi à tort de *barcarolle* pour désigner une *petite barque ;* c'est *bar-
querolle* qu'il fallait dire. » Ajoutons qu'elle peut même conduire à des
résultats ridicules : les femmes, sous le Directoire, portaient des sacs
à ouvrages qu'en souvenir de ceux des dames romaines on appelait
réticules, mais qui, par corruption, finirent bientôt dans la bouche
des bourgeoises ignorantes par devenir des *ridicules.*

    Les fausses analogies sont une cause fréquente d'erreur (9). Voici

---

(9) C'est la fausse apparence d'une liaison d'idées qui a trompé dans les
deux cas qui suivent : on dit souvent, pour s'excuser, c'est une simple *faute
d'attention.* « On ne doit pas dire, c'est une *faute d'attention,* mais c'est une

un exemple, à la fois frappant et regrettable, de la fâcheuse influence que peut, sous leur empire, avoir une prononciation fautive : « Au XVIIe siècle on commençait à confondre *résonner* avec *raisonner* et à prononcer rè-zo-ner au lieu de ré-so-ner. « Nombre de gens, dit Buffet, Observ. 1668, font cette faute : nous sommes allés dans un régal ; il y avait des violons qui ne *raisonnaient* point, comme si un bois creux pouvait avoir de la *raison* pour *raisonner*. Il n'y a rien de

---

faute d'inattention, ou plutôt commise par inattention. » — « On dit souvent *fautif* dans le sens de *qui a failli*. « J'ai été reprimandé, et pourtant je n'étais pas *fautif*. » Cet adjectif, en parlant des personnes, signifie *sujet à faillir*, et en parlant des choses, *plein de fautes* : c'est sans doute ce dernier sens qui a amené la confusion. » C'est aussi une fausse association d'idées qui a induit en erreur J.-J. Ampère par l'application erronée du nombre cardinal *viginti* : « M. Ampère, *Histoire littéraire de la France*, ch. II, a écrit : « Le système *vigintésimal* a dû naître de la considération simultanée des dix doigts des mains et des dix doigts des pieds. » C'est un barbarisme : ces adjectifs se forment des ordinaux latins par le changement de la finale *us* en *al* : *decimus, décimal ; centesimus, centésimal*. Les latins n'ont pas dit *vigintesimus*. » C'est *vicesimus*, qu'on rend par *vicésimal*. C'est encore une fausse analogie qui a amené les confusions qu'on va lire : « J.-J. Rousseau a employé *pondérant* dans le sens d'*important, décisif* : « J'ose croire que mon sentiment, peu *pondérant* sur toute autre matière, doit l'être un peu sur celle-ci. » Cela n'est pas usité. » — « Montesquieu, *lettr. pers.* 132, Buffon, *Disc. nat. an.* et J.-J. Rousseau, *Em.* IV, ont dit au présent *il tressaillit* au lieu de *il tressaille*, c'est une faute. » — « J.-J. Rousseau a dit, *Confess.* I : Trop d'autres goûts me *distraisent* ; et, *Confess.* VI, l'exercice me *distraisant*. Ce sont de grosses fautes : il faut *distraient* et *distrayant*. » — « Quand M. Cousin, (*Fragm. philos.*, 2e éd., 1833, p. 206), a dit : « Où manquerait l'action intérieure, *défaillerait* la perception, » il s'est mépris sur la conjugaison ; et l'on dira : *défaudrait* la perception. » — « *Faillir* se conjugue, je faux, tu faux, il faut, nous faillons, etc. Je faudrai, nous faudrons ; je faudrais, nous faudrions ; faillant, failli, etc... Les personnes qui ont besoin du futur et du conditionnel et qui en ignorent la véritable forme, les composent suivant la règle des verbes en *ir*, et disent : je *faillirai*, je *faillirais* ; c'est un barbarisme ;... déjà quelques grammariens disent que ce verbe, dans le sens de *faire faillite*, se conjugue régulièrement sur *finir*. Un négociant *faillit*, il *faillira*, s'il *faillissait*. C'est un usage tout moderne qui cherche à s'introduire. » — Que de soins sont à prendre pour ne pas tomber sous le coup de la terrible appellation que P.-L. Courier infligeait à Diderot et à d'Alembert ! « Ceux-ci sont tous *ânes bâtés* sous le rapport de la langue, pour me servir d'une de leurs phrases. » Lettre II, 67 (Littré, art. *Rapport.*)

plus ridicule que de parler si improprement ! » Aujourd'hui on confond ces deux verbes à tel point que des locutions proverbiales sont fondées sur cette confusion : on dit d'un homme dont les idées ne sont pas bien nettes, qu'il a *le timbre fêlé?* Pourquoi cela? Parce qu'il *raisonne mal* : or un timbre fêlé *ne raisonne pas du tout*, mais *résonne mal*. On abuse donc ici de la paronymie. C'est par la même raison qu'on dit encore *raisonner comme une pantoufle*, parce qu'une pantoufle *ne résonne pas*. Ces confusions sont fâcheuses dans toute langue, particulièrement dans une langue exacte et claire comme le français. » (Jullien et Littré).

La prononciation apprêtée de certains mots trompe sur leur véritable signification : c'est ce qui est arrivé à *compendieusement* qui a fait dire à bien des auteurs le rebours de ce qu'ils croyaient écrire : « *Compendieusement,* dit M. Gérusez, semble exprimer si bien le contraire de ce qu'il signifie que bien des gens y sont pris, et lui donnent le sens de *longuement.* » C'est une faute ridicule, ajoute M. Littré, d'employer ce mot qui signifie *en abrégeant,* pour dire *avec détail, sans rien omettre, tout au long.* » — Voici une autre cacologie, qui se débite avec une certaine emphase, qu'on peut entendre journellement dans la conversation et à la tribune, et que les journaux, les revues et les livres reproduisent à l'envi : « De telles machinations n'aboutiront *à rien moins qu'à renverser le gouvernement.* » On veut proclamer qu'il ne saurait résister, et qu'il en sera infailliblement renversé; or, on dit précisément le contraire de ce qu'on prétend énoncer. Selon l'Académie « il est bon d'éviter cette façon de parler, à cause de l'équivoque qu'elle entraîne. » M. Littré se montre plus sévère, et avec raison, en la condamnant tout à fait : « *Il n'est rien moins que sage,* veut dire proprement *il n'est aucune chose moins que sage,* en d'autres termes : de toutes les choses qu'il est, celle qu'il est le moins, c'est sage. Cette *locution est essentiellement négative,* et ne peut pas être autre chose : *rien moins* ne peut pas dire *chose moindre,* pas plus que *rien plus* ne veut dire *chose plus grande.* Il paraît donc qu'il faut dans tous les cas conserver à *rien moins* sa signification négative ;... — *Ne... rien moins que* est une locution qui signifie *nullement* », etc.

Ch. Nodier a dit, et c'est ici le cas de répéter après lui : « Si l'*écriture* est le *corps* visible et persistant du langage, la *prononciation* en est l'*âme* : c'est elle qui le vivifie, qui le soutient, qui règle et accélère ses progrès, qui l'use enfin et qui l'abandonne après l'avoir usé : le premier symptôme de la mort des langues qui finissent, c'est l'altération capricieuse de la prononciation. »

Je n'en terminerais pas (10) si je voulais épuiser toutes mes notes : car j'ai fouillé en tout sens l'important ouvrage de M. Littré, et c'est une mine littéraire d'une immense richesse. Le plan séduit par ses vastes proportions et son aspect grandiose. Villemain disait que, pour une pareille œuvre, il fallait, en raison de la multiplicité des sujets à traiter et de la variété des connaissances nécessaires pour y réussir, il fallait les efforts et le concours de plusieurs personnes : on peut à bon droit s'étonner qu'un seul homme l'ait conçue, entreprise et exécutée; on comprend qu'il lui ait consacré vingt ans de sa vie : quelles longues recherches, quelle immense collection de matériaux, quel labeur pour le triage et le classement n'a-t-il pas fallu ! J'incline à croire, et cette opinion paraîtra peut-être un paradoxe à quelques littérateurs puritains, qu'un ouvrage qui touche à tant de choses réclame spécialement l'intervention d'un savant, à la fois lettré et façonné à la rigueur des méthodes scientifiques. Ce n'est pas seulement pour ce qui tient aux sciences physiques, chimiques, mathématiques et naturelles, lesquelles occupent une assez large place dans la langue, que son heureuse influence se fait sentir : les définitions, que Villemain déclare à juste titre une des parties les plus difficiles, y ont

---

(10) Je veux, du moins, en finissant, pour montrer combien, par exemple, sont intéressantes et variées les *remarques* grammaticales de M. Littré, en signaler ici quelques-unes aux lecteurs, nommément la discussion des locutions *sous ce rapport : dans ce but ; sous ce point de vue ; sous l'appui de ; monter les escaliers quatre à quatre ; il n'y a pas que... qui : éviter une peine à : demander excuse à ; remplir un but*, etc.

beaucoup gagné en netteté et en précision. Il laisse sur plus d'un point des traces profitables de son passage; voici, par exemple, une correction que le naturaliste nous signale pour une faute très-commune dans la conversation, dans les journaux et dans tous les discours des comices agricoles : « C'est une faute où l'on tombe souvent, de dire la *race* bovine, chevaline, etc., pour l'*espèce*. Dans le langage de la zoologie *espèce* est plus étendue que *race*... ; il faut dire, en général l'*espèce* bovine, et en particulier la *race* bovine de Durham ; et de même, l'*espèce* chevaline, et la *race* percheronne. » Le médecin aussi révèle utilement sa présence sur mainte question ; là, il corrige le langage médical lorsqu'il est fautif ; on lit souvent dans nos journaux et nos livres techniques : « La douleur s'*irradie* de proche en proche. » Or, du verbe neutre *irradier* on ne peut pas faire un verbe réfléchi, s'*irradier*. « Au fig. *irradier* signifie s'*étendre* en partant d'un point central : la douleur *irradie* du point lésé. Il se conjugue avec l'auxiliaire *avoir*. » Tel est le sens propre du latin *irradiare*, *rayonner*. — « *Thorachique* qu'on trouve [dans des livres de médecine] et que le dictionnaire de l'Académie donne, doit être rejeté comme étant mal formé de *thorax*. » Il faut *thoracique*. — « Les livres d'anatomie disent *thyroïde*, mais c'est une faute. *Thyroïde* voudrait dire *semblable à une porte*, θύρα : or ce cartilage est *semblable* non à une porte, mais à *un bouclier* (*Scutiforme*, comme dit A. Paré), *thyréoïde* de θυρεός. Il importe de corriger cette faute du langage anatomique : Galien dit correctement θυρεοειδής. » Remarquons qu'Oribase l'écrit de la sorte dans l'édition de Bussemaker et Daremberg, qui dans leur traduction mettent aussi *thyréoïde* ; voy. t. III, p. 312. — Ailleurs, il s'attache à fixer le genre de certains mots tirés du grec. M. Briau dit dans l'*errata* de sa traduction de Paul d'Egine : « J'ai mis au genre *masculin* la plupart des mots grecs francisés qui se terminent en *cèle*, comme *porocèle*, *pneumatocèle*, quoique l'usage veuille qu'en général ils soient mis au *féminin*. Je l'ai fait parce que ceux d'entre eux qui sont le plus souvent employés dans le langage médical, comme *sarcocèle*, le sont au *masculin*. » (*Chirurgie* de

Paul d'Egine, Paris, 1855, p. 503) Il y a là une erreur manifeste : le
mot le plus usité de tous est *hydrocèle* qui est incontestablement du
féminin. Ajoutons que M. Littré fait du genre *féminin, pneumatocèle,
mérocèle*, etc. ; et il dit de *bubonocèle* : « Il serait mieux de faire ce
mot *féminin*, comme presque tous ceux en *cèle* qui sont composés avec
le mot grec *féminin* kêlê *tumeur*. Il est toujours loisible de rectifier
les erreurs commises à propos d'un nom scientifique auquel manque
l'usage populaire. » M. Littré répète la même remarque critique au
sujet de *sarcocèle*, de *varicocèle*, etc.

Ce dictionnaire est imprimé avec une remarquable correction ;
c'est à peine si l'on y rencontre quelques rares et légères fautes : je
ne pourrais guère signaler que ulcération de la *cornue* pour *cornée*,
t, I, p. 378, col. 2 ; *Sabat* au lieu de *Sabbat*, t. I, p. 283, col, 1 ;
lutieur pour *luiteur*, t. III, p. 363 ; et peut-être faudrait-il Etym.
plutôt que Rem., t. II, p. 1681, col. 3, et Rem. plutôt que Etym., t. II,
p. 1894, col. 1 ; mais ce sont là des vétilles, et encore les deux der-
nières sont-elles discutables. Heureux les auteurs dont les livres ont
ce mérite ! J'avais déjà été frappé de la correction exceptionnelle que
présente la savante édition que M. Littré a donnée des *Œuvres d'Hip-
pocrate* en 10 vol. in-8. Ici, il s'est, pour ce travail ardu de révision
typographique, assuré le concours d'hommes distingués : il cite, et il
faut citer avec lui, MM. Beaujean, Sommer, B. Jullien et Polguère,
outre ceux qui lui ont fourni quelques matériaux, comme MM. Braut,
Huré, Pommier, Peyronnet, Leblais, Collet, Humbert, Laurent-
Pichat et Deroisin. — De son côté l'éditeur n'a rien négligé pour en
faire un beau livre : cela fait honneur à la maison Hachette. Je ne
puis résister au plaisir de reproduire cette touchante conclusion de
la préface : « Pour mener [mon entreprise] à bien, en ce qui dépend
des hommes, une bonne fortune m'est échue, c'est que mon éditeur
[M. Hachette] est mon ami : la plus vieille amitié, celle du collége nous
lie. Elle s'est continuée dans une étroite intimité toute notre vie, et
maintenant elle se complète et s'achève, moi donnant tous mes soins
à ce livre qu'il édite, lui prodiguant tous les secours de son habileté et
de sa puissante maison à ce livre que je fais. »

Notre collègue, M. L. Guillard, a peint en deux mots les qualités essentielles de ce dictionnaire : « Il tient tout ce qu'il promet. » C'est un grand éloge ! Par l'heureuse disposition du plan, en effet, chaque article est une véritable *monographie* du mot, où, par un long travail d'érudition et de critique, se trouve réuni tout ce qui est utile à connaître en fait d'histoire, d'exemples et d'étymologie, que complètent, quand il y a lieu, de précieuses *remarques* grammaticales. Je puis dire que, jusqu'à présent, il ne m'est pas venu à l'esprit une seule difficulté dont je n'aie trouvé la solution dans ces colonnes ; et, si par hasard elle était insoluble, l'auteur du moins l'abordait de front et la discutait, en mettant sous les yeux tous les éléments de la question.

Notre Académie peut se rappeler qu'un jour, où j'eus l'honneur de lui faire une lecture sur les *Œuvres poétiques* d'Eugène Faure, auteur des *Songes d'une nuit d'hiver*, il s'éleva dans son sein une vive et intéressante discussion : des avis divers furent émis ; qui pouvait trancher le différend ? Cet honneur revint au dictionnaire de M. Littré : on lut l'article *Linceul* qui faisait l'objet du litige; et de l'aveu de tous le procès fut jugé sans appel.

Au XVIᵉ siècle on eût décoré ce dictionnaire du nom de *Trésor de la langue française*, comme on le fit pour le *Thesaurus linguæ latinæ* de Robert Estienne, en 1532, et pour le *Thesaurus linguæ græcæ* d'Henri Estienne, en 1572. Pendant que la maison Firmin Didot « par un respect héréditaire de la mémoire de H. Estienne » (*Préface* t. IV, *Thesaur.* 1841), entreprenait une nouvelle édition de son *Thesaurus*, G. et L. Dindorff, au lieu de parler avec aussi peu de convenance que peu de justice (11) de son éminent auteur qui, comme

---

(11) Dans leur *Préface* (Thesaur., t. II, 1833), G. et L. Dindorff, au lieu de rappeler avec éloge les services signalés que H. Estienne a rendus à la littérature grecque, ne font guère que lui reprocher les fautes qui lui ont échappé, ils semblent même l'accuser d'en avoir commis plus que quiconque : *In vitiis autem notandis unum genus errorum, cui crebrius quam ulli alii obnoxius fuit Stephanus, quum in originibus verborum rimandis non caveat sibi*, etc. Ils donnent à entendre qu'il a beaucoup vécu sur les travaux

helléniste, fut une des gloires des lettres françaises et, on peut le dire, une des lumières du monde entier, MM. Dindorff auraient bien mieux fait d'introduire quelque chose d'analogue au plan, au classement et à la méthode de M. Littré dans cette grande et belle publication qui ne compte pas moins de huit volumes in-fol.

On a reproché à MM. Littré et Robin de professer des doctrines peu orthodoxes dans leurs éditions du *dictionnaire de médecine* de Nysten. Ici on ne rencontrera rien de pareil : M. Littré a eu le bon esprit de se renfermer dans son rôle de lexicographe, sans avoir risqué de faire de ces volumes un recueil de théories et de doctrines plus ou moins hétéroclites (12). Les plus difficiles ne trouveront rien à redire

---

de ses devanciers ; et, quant à eux, ils déclarent, non sans une certaine jactance, qu'ils auraient mieux aimé composer intégralement un dictionnaire nouveau que d'avoir à travailler sur ce vieux canevas qui a été pour eux un embarras plutôt qu'un aide : *Nos vero culpam vix ullam retinemus qui hæc aliaque incommoda interpolandi operis ante tot annos conditi ita sensimus ipsi, ut sæpe mallemus novum de integro parare licuisse Thesaurum, cui condendo ita adhibendus esset antiquus, ut Stephanus ipse decessorum operá esse usus deprehenditur.* On pourrait demander à ces *dictionnaristes* (Ch. Nodier) grécisants où en seraient aujourd'hui les lettres grecques et où ils en seraient eux-mêmes, si H. Estienne n'avait pas mis au jour son *Thesaurus* qui depuis trois siècles forme la base de tout ce qu'on a publié de sérieux en ce genre !

(12) Toutefois M. Louis Richard, fils d'un peintre lyonnais bien connu, m'a signalé l'article *géant* où il est dit : « *Géant*, dans la Bible, nom des êtres nés du commerce des *anges* avec les femmes. » Il est regrettable que M. Littré ait pu traduire de la sorte le texte biblique, que voici : Videntes filii dei filias hominum quod essent pulchræ, acceperunt sibi uxores ex omnibus quas elegerant. Genes., VI, 2 Abel était mort sans postérité ; Seth, troisième fils d'Adam, hérita des vertus d'Abel, et eut pour fils Enos qui institua le culte du Seigneur : et ipse cœpit invocare nomen Domini, IV, 26. Les descendants de Seth, race privilégiée, genus electum, furent appelés filii Dei, *fils de Dieu*, par opposition aux *fils* et aux *filles des hommes*, filiæ hominum, qui étaient de la descendance de Caïn, race maudite. Ce fut absolument de même que le peuple Juif fut plus tard appelé *peuple de Dieu*, par opposition aux autres nations des gentils ou païens. On voit qu'il ne s'agit vraiment pas des *anges !* — Il reste à juger s'il s'agit exclusivement de *géants :* gigantes erant super terram in diebus illis : postquam enim ingressi sunt filii dei ad filias hominum illæque genuerunt, isti sunt potentes a sæculo viri famosi, VI, 4. Ces alliances maudites eurent pour conséquences, —

aux articles *âme, Dieu, Christ, christianisme, eucharistie, foi, religion*, etc.: là, comme dans tout le reste de l'ouvrage, l'auteur cite largement Bossuet, Bourdaloue, Fénelon, Fléchier, Massillon et la suite des écrivains catholiques jusqu'à Gratry.

Il resterait à juger M. Littré au point de vue du style : je ne m'ar-

---

d'abord, de faire perdre aux descendants de Seth le glorieux titre de *fils de Dieu*, qu'ils partageaient avec les anges (circonstance dont veut s'étayer l'interprétation païenne qu'adopte l'auteur, mais qui fait une confusion indigne de l'Écriture sainte), — ensuite de produire une nouvelle race d'hommes dégénérés. Le mot hébreu Nephilim (qu'on a, faute de mieux, rendu dans la Bible par *gigantes)* ne signifie pas précisément des *géants :* M. l'abbé Guinand, professeur d'hébreu à la Faculté de théologie de Lyon, dont il est devenu le doyen, a bien voulu me préparer une note explicative où il distingue trois significations : 1º Sens originel : *déchus, tombés, apostats*. 2º Sens secondaire : *tombés du ciel* (ayant cessé d'être des élus). 3º Sens dérivé : *tombant sur quelqu'un, se ruant sur lui, violents, terribles ;* et, par une seconde dérivation, *de grande taille.* « Le premier sens est le plus littéral, le plus naturel, le sens primitif. » L'antiquité grecque et latine voyait dans les géants des êtres malfaisants : c'était réunir les deux idées. Je ne conteste pas qu'il ait existé des géants : ce n'est pas la question qui m'occupe. Je dis seulement qu'ici on ne voit pas pourquoi ces alliances maudites auraient de préférence produit de géants ; et l'on comprend très-bien qu'il en soit sorti une race *déchue :* c'est Dieu lui-même qui le dit dans la Genèse : non permanebit spiritus meus in homine, VI, 3. Une fois privées de la protection divine, ces générations tombèrent dans la corruption, et couvrirent la terre d'iniquités : repleta est terra iniquitate a facie eorum, VI, 13. Les hommes de ces temps, s'étant rendus redoutables par leurs mœurs de brigands, s'acquirent une triste célébrité, dont il est plusieurs fois fait mention dans la Bible ; isti sunt potentes a sæculo viri famosi, VI, 4. La Génèse ne parle nullement de leur grande taille ; elle ne parle que de leur grande perversité, et elle le répète coup sur coup : corrupta est autem terra coram Deo et repleta est iniquitate, VI, 11. C'est en ne songeant qu'au mal et en lassant Dieu par leurs vices, qu'ils attirèrent la condamnation des hommes, et motivèrent le déluge : videns Deus quod multa malitia hominum esset in terrâ, et cuncta cogitatio cordis intenta esset ad malum,... — pœnituit eum quod hominem fecisset,... — delebo, inquit, hominem, quem creavi, a facie terræ. VI, 5, 6 et 7. La famille de Noé trouva seule grâce devant la justice divine. — L'idée dominante en tout ceci est bien plutôt celle d'une *race mauvaise* et *maudite,* d'êtres *pervers* et *déchus,* que de *géants.*

Espérons que M. Littré fera disparaître, dans une 2º édition, l'interprétation païenne que nous venons de combattre.

rogerai pas ce droit, n'ayant pas qualité pour le faire. Seulement, comme entre tous ses titres, — et il en a beaucoup, — M. Littré a celui de membre de l'Académie de médecine de Paris, l'auteur et l'éditeur ont bien voulu y voir un point de contact avec celui qui tient ici la plume, qui a été deux fois Lauréat de cette Académie et qui est un ancien président de la Société de médecine de Lyon. A défaut d'arrêt, je ne signifierai que mon sentiment. — On ne lit guère les *Préfaces :* il faut lire celle de M. Littré : la lecture en est attrayante et instructive : il y a répandu une foule d'aperçus neufs et d'observations originales et ingénieuses ; c'est une *Introduction* nécessaire pour l'intelligence de l'ensemble de l'ouvrage qui est un monument élevé à notre langue. — Sa diction est celle d'un penseur : on sent partout que la méditation a passé par là : il a pensé, il a senti ce qu'il a écrit ; il paraît se préoccuper du fond plus que de la forme, sans toutefois négliger celle-ci ; ce ne sont point des paroles creuses : un fait se révèle dans chaque phrase ; et quand, après une sérieuse préparation mentale, sa pensée vient à surgir, elle s'échappe de son esprit toute vivante, comme la fable nous représente Minerve sortant du cerveau de Jupiter, armée de pied en cap. Il est inévitable qu'entre ces éclats de lumière, tout le reste ne paraisse plus ou moins pâle ; c'est en fait de style comme en fait de peinture, un effet inséparable du clair-obscur qui, en illuminant certains objets, laisse les autres dans l'ombre, de façon qu'ils prennent une apparence un peu terne. Il ne faudrait pas s'y méprendre, et, par là, mal juger ces inégalités de couleur et d'allure : s'il y avait moins de lumière, on verrait moins les ombres. On doit forcément reconnaître la manière d'un esprit original et indépendant, doué d'autant de savoir que de sens critique, et sachant esquisser à grands traits chaque objet sous une forme caractéristique : ce qui frappe par dessus tout c'est le cachet d'une intelligence qui se reflète elle-même dans son œuvre. La manière de M. Littré me rappelle le jugement qu'un grammairien de l'antiquité avait porté sur Aristote en termes pittoresques : « Cet auteur, pour écrire, trempe sa plume dans sa pensée. »

Lyon, Association typographique — C. Riotor, rue de la Barre, 12.